我 思 故 我 在

写在前面的话

●

每一场谈判都是一次人性的博弈

谈判对手并非敌人，而是和你朝着同一方向携手前进的伙伴。

如果你认为自己不擅长沟通谈判，不妨试着站在对方立场来重新审视全局，反思一下自己的谈判目的。

谈判就是谈人性

[日]岛田久仁彦 著　马娅楠 译

中国画报出版社·北京

图书在版编目（CIP）数据

谈判就是谈人性 /（日）岛田久仁彦著；马娅楠译. -- 北京：中国画报出版社，2023.9
ISBN 978-7-5146-2288-1

Ⅰ.①谈… Ⅱ.①岛… ②马… Ⅲ.①商务谈判 Ⅳ.①F715.4

中国国家版本馆CIP数据核字(2023)第175926号

SAIKYO KOUSYOUNIN NO NO WO KANARAZU YES NI KAERU GIJYUTSU
© KUNIHIKO SHIMADA 2013
All rights reserved.
Originally published in Japan by KANKI PUBLISHING INC.,
Chinese (in Simplified characters only) translation rights arranged with
KANKI PUBLISHING INC., through Qiantaiyang Cultural Development (Beijing) Co., Ltd

北京市版权局著作权合同登记号：图字 01-2023-3475

谈判就是谈人性

［日］岛田久仁彦　著　马娅楠　译

出 版 人：方允仲
责任编辑：郭翠青
助理编辑：王子木
责任印制：焦　洋

出版发行：中国画报出版社
地　　址：中国北京市海淀区车公庄西路33号
邮　　编：100048
发 行 部：010-88417418　010-68414683（传真）
总编室兼传真：010-88417359　版权部：010-88417359

开　　本：32开（880mm×1234mm）
印　　张：7
字　　数：139千字
版　　次：2023年9月第1版　2023年9月第1次印刷
印　　刷：河北文扬印刷有限公司
书　　号：ISBN 978-7-5146-2288-1
定　　价：49.80元

前　言

在日常生活和商务场合中，总会有些需要谈判协商的情况。

例如在商谈中为自己的公司争取有利条件，或说服别人接受自己的想法，甚至是劝服别人做出艰难的决定——总之就是把"NO"变为"YES"，将对方的拒绝变为同意。

然而事实上，很多朋友对"谈判"一词都多少有些心理抗拒——如何控制谈话方向？如何让自己在谈判中处于优势？如何避免驳倒式的谈判，取得建设性的共识呢？

我作为国际谈判专员，几乎每天都穿梭于各类国际会议、利益纷争及企业谈判中，如今也终于对自己的谈判能力有了些许自信。然而在一开始，从事这项工作却并非我的本意。当时我进入联合国工作不久，我的导师——前联合国人道主义事务副秘书长塞尔吉奥·德梅洛先生问我是否愿意尝试调停工作，这成了我谈判生涯的开始。

回顾当初，刚踏入谈判界的我明明一无所知，却偏偏自尊心太强。接连受挫令我痛苦不已。即便当时自己也努力做了种种尝试，最终却都归于失败。走投无路的我只好求助于德梅洛先生，请他给我一些建议。也正是在将他的谈判建议逐一应用到实践的过程中，我才意识到所谓谈判调停，究竟是什么。

在此后的实际谈判中，我试着将自己学到的谈判技巧适时调整，加之在哈佛大学的谈判项目中接受到大量理论与实践结合的谈判训练，让我逐渐抓住了"赢得谈判"的技巧。

然而，当时的我太执着于这种胜负欲太强的谈判风格，以至于在一场重大谈判中惨遭失败。在那之后，我不得已开始改变自己的谈判风格。

此后经过不断的摸索与尝试，我发现——自从放弃了攻击性的零和谈判、采用追求互惠双赢的谈判风格之后，我经手的调停工作开始收获好的结果，周围的人也逐渐开始称呼我为"任何难题都能解决的调停官"。

忽有一日我意识到，这些实践中积累的谈判技巧也适用于各种日常交涉，对那些不知如何谈判、没有谈判自信的人应该也会有所助益，因此决定执笔此书。

在本书中，除了我作为联合国纷争调停官、日本政府气候变化谈判代表的国际谈判经验之外，还介绍了当下世界一线谈判项目中正在教授的、可应用于各类商业谈判的策略技巧。本书内容按照重要性和实践难度的顺序，分为四个体系，尽量用简单易懂的方式进行阐述。

最后，也希望本书能为大家带来一些非攻击性谈判的灵感，为你和你的谈判对手同时带来利益。

岛田久仁彦

CONTENTS

目录

谈判就是谈人性

谈判高手都是最好的倾听者 / 003

不要让对方揣摩到你的意图 / 005

成功的谈判时长大多在三天以内 / 007

把你的谈判期限咽进肚子里 / 009

深藏不露，方可出奇制胜 / 012

跳出平面思维 / 014

从对方视角看问题 / 016

难以决策时：坚守谈判伦理 / 018

坚持是成功的关键 / 019

尊重对方的信仰 / 021

得信息者得天下 / 023

如何对付"习惯性否定者" / 029

永远不要在谈判前二十四小时修改内容 / 031

头脑风暴：不打无准备之仗 / 033

头脑风暴：先入为主是大忌 / 035

头脑风暴：所有提案都是好点子 / 040

头脑风暴：做好被说服的准备 / 042

头脑风暴：意见和建议都值得提出 / 048

头脑风暴：结论必须落到纸面 / 050

国际谈判专家档案——何为谈判学 / 052

2.
谈判桌上的策略

开局、终局要争取主场 / 057

胜者往往背对窗户而坐 / 059

"沉默"的优势 / 064

揣着明白装糊涂：让对方丧失战斗欲 / 066

用身体语言乘胜追击 / 069

从对方眼神里探虚实 / 080

红蓝黄绿：巧用色彩心理学 / 083

二十秒塑造第一印象 / 086

尊重禁忌：别批判，也别被批判 / 090

家人是每个人的软肋 / 093

把对手当朋友 / 095

懂得称赞,这与口才无关 / 096

永远主动切入正题 / 099

不满要用理性倾诉 / 101

谈判高手这样掌握主导权 / 103

切忌顾左右而言他 / 105

话不用多说,三成就够 / 107

用眼睛倾听对方 / 110

打破谈判困局:穷则变,变则通 / 112

没必要在谈判桌上解决所有问题 / 114

国际谈判专家档案——跨文化协商人士必读 / 116

构筑自己的表达模型 / 122

条理是个好东西，但别超过三点 / 125

数据胜于雄辩 / 127

让表达更清晰的三个技巧 / 130

做简报≠念幻灯片 / 133

舍弃幻灯片＋用提纲代替讲稿＝好的简报 / 134

无理由的赞同等于白费口舌 / 138

复述让赞同更真诚 / 140

赞成、反对、中立：用颜色区分态度 / 142

反对观点，而不是人格 / 144

3. 表达的奥义

反对必须步步为营 / 147

如何打破谈判劣势 / 149

感觉、看法和事实 / 152

入乡要随俗，简报也一样 / 156

识别谈判团中的关键决策者 / 158

如何应对出其不意的提问 / 161

国际谈判专家档案——真实演说案例 / 163

主动担任会议引导员 / 168

重复效应：拉近心理距离 / 169

谈判引导员的表情管理 / 171

多议题谈判：用图表整理思路 / 174

用数字说话，永远让对方觉得赢了 / 176

理想的结论必须具体谈 / 178

达成一致后再回到谈判桌 / 182

谈判的收尾阶段

附 录 / 184
结 语 / 191
致 谢 / 195
荐书寄语 / 199

CHAPTER

第　　章

谈判就是

谈

人性

己所不欲

勿施于人

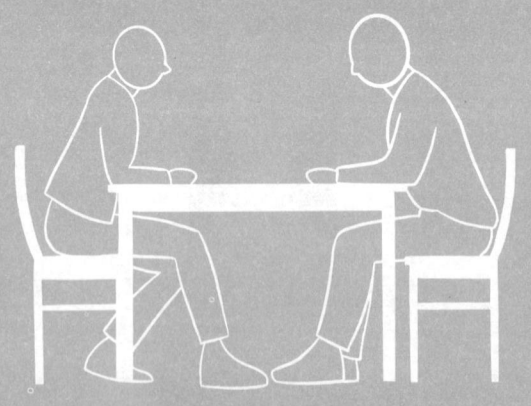

谈判高手都是最好的倾听者

主导谈判需要高超的倾听技巧

一个谈判高手，必须是个好的倾听者。

特别是在谈判初期，更应将重心放在倾听上，而把说话这项工作交给对方。 此时，只需要时不时地点头回应对方，适时梳理对方的发言重点并用自己的话复述出来。比如在销售谈判的价格拉锯战中，可以在对方发言后适时回应——

"所以根据您刚才的说明，贵公司的报价是基于××的考虑，对吗？"

这样积极地倾听反馈，甚至会诱导对方透露出原本无意提供的信息，比如——

"其实说实话，您要求的这个交货期限有点儿困难……"

或者："如果我们在其他条件上让步，那报价方面可以通融吗？"等等，而这些信息也都会成为之后重要的谈判筹码。

此外，专注地倾听能为谈判前的准备工作画龙点睛，帮你深入掌握对方的立场和意图。只需做到这点，之后就简单了——只要在此基础上调整谈判姿态，更改提案方式即可，比如：

"原来贵公司的顾虑是××（此处复述对方的话）。既然如此，我们可提供A和B两套方案，您看如何？"

此时，在谈判桌的另一侧看来，对方不仅愿意倾听，更充分理解了自己的发言内容，甚至其提案更是基于自己刚才说过的话，所以怎么可能一口回绝呢？

不要让对方揣摩到你的意图

> 要让对方觉得你不可捉摸

谈判桌上还有一条铁律,那就是永远不要让对方揣摩到你的意图。

举个例子,在对方发言过程中,你要让他始终有一种疑问——这个人一边听我说话,一边在想什么呢?基本上,只要你能成功地把这个问题放在对方心中,就能在心理上占据谈判的优势地位。

反之,若任凭对方轻松探知你真实的谈判意图、你对每个谈判细节的态度,以及你的心理底线,那无异于将谈判的节奏主导权完全交给了对方。

因此,需要静静倾听对方发言。甚至可以偶尔做出一些消极的、表示疑问的动作——比如歪头表示疑问，或低头沉思。但为了防止打断谈判节奏，要避免直接否定对方观点。

通过这样的回应造成心理压迫感，能让对方形成一种错觉——是不是我说明的内容存在疏漏？还是我表达得不够清晰？或是不够真诚？这会迫使对方采取更为严肃、谨慎的谈判态度，避免狮子大开口。

成功的谈判时长大多在三天以内

敲定谈判期限并严格遵守

如果关于一个问题在七十二小时（也就是三天）之内无法达成共识，那么任凭你花两周、两个月，甚至是两年时间也依旧无法解决。这是我在无数的实战谈判中的亲身经验。

原因很简单。当你把"谈判期限还有两周"这个信息装入大脑的同时，心理上就会默认一个两周的决议期限。同样，当谈判期限是两个月时，你大脑中的行事历也会瞬间进入两个月的决议模式，自然会导致谈判迟滞不前。

无论何种谈判，往往都在谈判代表火烧眉毛开始催促之后——我们只剩下几天、几小时了——议程才会停止原地踏步。

当然，全新的谈判内容的确可能会格外耗时，但如果是比较熟悉的议题，双方基本都已理解了核心内容，只需磋商意见的时间就够了。

如果谈判内容比较特殊，可能会需要和客户再次核实细节；如果谈判对手在国外，则又会有时差问题。而以七十二小时为谈判期限标准，刚好可以完成各方意见的收集。

把你的谈判期限咽进肚子里

谁能驾驭时间,谁就能控制议程

谈判桌上有几点秘诀,其中有一条——永远别让对方知道你真正的谈判期限。

很多谈判新人都会犯一个错误,在开局就口无遮拦地把谈判期限泄露给对方——"我们最晚也要在某天之前拿出结论""我们回去要搭某天的航班",把利用时间压力掌握谈判主动权的机会双手奉上。

万一不小心被对方嗅到了谈判期限呢?其实也并非完全无法补救。此时应该旁敲侧击,设法从能得到的信息中探知对方的谈判期限。若对方口风很紧,保密工作做得滴水不漏,那么这场谈判最好干脆暂停。因为一旦在谈判时间上被对方打乱部署,高效谈判几乎是无法实现的。

不过话说回来，谈判期限并非绝对不可改变。

别忘了，期限是人定的。就像预订好的机票可以改签那样，期限本身就是可以变通的，更是可以谈判的。

因此，即使在谈判时间上被对方牵制，也没必要方寸大乱。只要不动声色地做好补救，依旧有可能把谈判导向成功——**不要忘了，谈判对手也有一个最终谈判期限。** 即便他看上去胸有成竹，但当谈判拖延到距离实现目标遥遥无期时，气定神闲的表情背后也会陡生不安。

在时间期限策略中，受到时间限制的可能不是自己而是对方，况且期限本身也是可以商量的——如果你能带着这样的心境步入谈判室，心理上则会轻松很多，也能更沉着冷静地投身到这场名为谈判的游戏当中。重要的是，**永远不要让自己被谈判时间所束缚。**

想想看，无论是工作还是写报告书，截止时间几乎都是第一生产力，其实谈判也是同理。在谈判桌上，双方做出让步、达成协议也往往都是在截止日期前的最终冲刺阶段。

谈判桌上的五条时间观念

- 无论直接或间接,都不要让对方知道你真正的谈判期限。
- 尽可能收集对方谈判期限的相关信息。
- 谈判期限以最长七十二小时为标准。
- 在心理上不要被谈判时间所束缚(毕竟期限是可变的)。
- 一次谈判的会议时间最长为两小时。

深藏不露，方可出奇制胜

> 深度培养信息的收集、管理能力

当你代表企业或组织谈判时，必须意识到——没有任何信息是无关紧要的，保密工作做得再夸张也不为过。当然，无须对身边的每一个人都草木皆兵，但保密规定必须严格且始终遵守，哪怕对朝夕相处的同事也不能例外。

但话说回来，如果谈判信息只有天知地知自己知，工作则几乎无从谈起。因此分清沟通和泄密，也就成为一个合格谈判代表的入门基本功。

首先从基本做起——自己负责的谈判相关资料不要随意放在桌子上；办公桌抽屉和存放资料的柜子要记得上锁；谈判电话和邮件的信息不要随意记录在便签上；打印资料时尽量用自己办公室内的打印机而不是公共打印机；重要信息不

要使用传真交流；等等。

此外，电话、语音留言、电子邮箱的安全性都必须无懈可击。还是那句话，保密永远不嫌麻烦。因为很多惨痛经验都告诉我们，越是不可泄露的天机，往往越容易传到不该听到的人的耳朵里。

跳出平面思维

> 当局者迷，旁观者清

永远不要失去客观视角，这是谈判态度的重中之重。退一万步讲，谈判失败毕竟不是死刑判决——带着这样的觉悟上谈判桌，你会发现眼前的一切都豁然开朗。

当我儿时想问题却不得其解时，父亲曾建议我："不如试试登高去俯瞰整个城市，你应该会有一些新发现。"其实，谈判同样也需要一个跳出二维的新视角，我把这种思考方式称为三维谈判思维，并将它作为一种思考习惯。

大多数情况下，仅凭平面的思维框架很难客观地把握事态全局，因此当陷入创意枯竭的死胡同时，不妨试试深呼吸或闭上眼睛，给自己构筑一条通向思维高地的阶梯，从立体视角俯瞰手头的课题。此外，还可以换个思考环境，或干脆暂时忘掉这个棘手的难题，让大脑冷静下来。

当我参与的谈判陷入泥潭般的思维困境时，我偶尔会蹦出一个令人瞠目结舌的疯狂提议，甚至让在场者都目瞪口呆。然而，正是这样始料不及的思维视角，最终会成为谈判困局的突破口。

从对方视角看问题

> 己所不欲，勿施于人

当我们站在对方视角思考自己眼前的问题时，往往会有一些新发现。

比如，当谈判出现瓶颈时试试问自己——如果我是对方的企业负责人，这时会怎么做？这种换位思考，应该能**帮你从不同视角审视问题**，最终找到对双方都有利的谈判结论。**在掌握对方视角下的另一种谈判形势的同时，这种思考方式还能帮我们拨云见日，看清问题的本质。**

此外，这种换位思考的积极态度，本身就是赢得对方信任的一把金钥匙。

谈判就像一粒种子，种其因者，必食其果。 只要能在谈判桌上不忘这点，就能拨开迷雾找到高效的谈判方式，避免不必要的争端。

难以决策时：坚守谈判伦理

> 避免因一念之差而前功尽弃

在工作中，你是否曾怀疑过自己？比如：判断是否正确？行为是否适宜？而当陷入这种自我质疑时，应如何做出判断呢？其实你只需要问自己——**作为人，这个决定是否正确？**

我学到的方法是——**想象一下，自己的选择成了报纸的头版头条，或登上了电视的热点新闻。若仍能保持问心无愧，那么这就是正确的选择。** 如果不能，则这个选择可能在道德上存在问题。

把"作为人的正确选择"作为谈判中的判断准则，是一流谈判家，也是职场人的重要素质。

坚持是成功的关键

> 成败在此一举

坚持不放弃——这句话听上去简单，但却是谈判中至关重要的一点。因为坚持不懈会在谈判桌上赋予你力量。

有些谈判人士一看到对手态度坚决、没有妥协的余地后，就很容易失落，甚至放弃谈判，这其实是相当可惜的。因为这意味着，你不仅失去了一个构筑互信关系的机会，也丧失了和对方分享提案、促进共识的机会，更失去了作为专业人士得到可信对手和商业伙伴的机会。

"我不会放弃，我会坚持下去并最终拿下这个案子！"这种态度本身，对谈判对手来说就是一种压力，更代表了己方认真的谈判态度。只要相信问题一定存在解决方案，并坚持不懈地探寻共识的可能性，谈判成功的突破口就会在不经意间出现在你眼前。

相比之下，在谈判双方进行多元分析、积极提案后仍无法跨越立场和观点的鸿沟时，才能选择中止谈判。

也正因如此，一个明智的谈判者会在初期做好时间安排，并在最终谈判期限前带着绝对不放弃的心态上谈判桌，同时避免徒劳无益的冗长谈判。这正是谈判成功的关键。

尊重对方的信仰

永远不要否定对方的人格

谈判对手的思想、信条、宗教是绝对不可批判否定的，这是作为职业谈判人士的铁律。

作为国际谈判专员，我得以有机会接触到世界上各种国家、文化、宗教以及思想。每当身处异国时，我都会告诉自己——我在这里不过是客人，只要不违背自己的信仰，我都应该舍弃先入为主的想法，客随主便。

其实，**接受对方的思想、信仰和宗教，也就相当于接受和尊重对方。** 只要能做到这一点，就足够赢得对方的好印象。

当然了，没必要勉强接受违背自身信仰的事情。如果遇到这种情况，**要在向对方表达敬意的同时，尽量以非否定的方式**

告知对方。这样得体的谢绝方式，也能帮你赢得对方的信任和理解。

回顾我多年的谈判生涯，如果说我在谈判问题的解决（特别是纷争解决）中也算有所成就的话，那一定是因为我没有忘记尊重和理解对手。

得信息者得天下

> 知己知彼，才能百战百胜

要想把谈判推向高效积极的方向，信息收集是关键。在这一关键步骤中，首先要明确——谈判所需的究竟是何种信息？

举个例子，如果你正在准备一场商业谈判，你可能需要了解公司业绩、部门业绩、产品结构及谈判对方企业的概况；等等。

在情报收集阶段，应该优先集中精力在信息内容上，尽可能地"广撒网、多敛鱼"，但不用急着去分门别类。 至于判断这些信息的质量（如：好坏、可信度等），则留到信息收集结束后的分析阶段去做。

在情报收集阶段，最重要的技巧就是为一次信息、二次信息赋予权重。

还是拿企业调查来举例。要收集这类信息，除了参考该公司的官网之外，日本企业信息可查阅《会社四季报》，跨国企业则不妨参考每年英国的《经济学人》杂志（不过《经济学人》几乎只刊载财富五百强的大公司）。在这种种不同来源的信息中，公开且未经任何分析解读的就是"一次信息"。

首先，应尽可能收集大量的一次信息，大致把握对方的实际情况。比如调查某一企业时，你可能需要——近五年的公司业绩、谈判部门业绩，以及产品的销售额分布情况。其中，谈判部门业绩占全公司业绩的百分比尤其值得关注。

此外，若需要和某一国家进行谈判，这些则是十分有用的一次信息源——各国的公开信息渠道（如外交部等国家部门的公开数据），还有世界银行、国际货币基金组织（IMF）、联合国相关机构等每年发表的内容等。

除了上述一次信息源之外，如果用搜索引擎等对企业进行搜索，也可得到各种研究机构、报纸等相关财经媒体发布的、经过分析的二次信息。二次信息不同于一次信息，其来源多带有一定的偏见、支持等主观色彩。但我们之前也强调过，在信息收集阶段，无须太过重视分类，而要致力于扩充整体的信息量。

不过，有时一次和二次信息可能来源于同一渠道，比如刚刚提到的一次信息源——英国《经济学人》杂志。如果仅从其中收集客观数据，则为一次信息源；若从刊载的文章专栏中收集经济评论等，则为二次信息源。

在收集二次信息时，依旧要坚持"广撒网、多敛鱼"的原则。如果第六感告诉你该信息值得信任和参考，那么就不妨先将其纳入待分析的信息池中。

尤其是著名的国际财经类出版物和杂志，如《世界银行经济评论》、国际货币基金组织等权威机构报告，以及《经济学人》等业界知名杂志所刊载的学术论文，都值得借鉴。即使文章中包含个人观点，但这些内容也往往在刊载前经过了多重筛选和查证，因此可信度还是较高的。

此外，在一次和二次信息源之间还存在着另一种信息渠道（如果一定要分类的话，它更接近二次信息源）。那就是亲自从权威专家或有业界相关背景的朋友、熟人那里征求意见，我将其称作一点五次信息源。

那么在收集一点五次信息源时,该如何选择听取意见的对象呢?如果是国际谈判,我可能会寻找与该国有过谈判经验的人、该组织曾经的工作人员或对其国情有研究的权威人士征求意见。如果是企业间的商业谈判,则选择与该企业有过谈判经验的同事、在该企业工作过的同窗等,都会成为有力的一点五次信息源。

说了这么多,其实关键就是——在信息收集步骤中,需要通过多种信息渠道,尽一切可能收集与谈判相关的信息。完成这一工作后,对谈判对手的信息收集就能暂时告一段落了。

但不得不说,**很多谈判人士都容易忽略(或选择性忽略)一点,那就是对己方相关信息的收集。**

但凡是准备上谈判桌的人,无一例外都会挖空心思去调查对手,却往往对己方情况的把握过于自信:"我就是谈判代表,对自己这一方还不是了如指掌吗?"

当然了,事实可能确实如此。但正因如此,才更需要在谈判前对自身的信息库进行一次全面更新,通过一次信息源、一点五次信息源、二次信息源收集我们能接触到的所有信息——就像我们对谈判对手做的那样。

在这个收集己方信息的过程中，调查对象不应局限于自己所属的部门，或仅仅停留在与本次谈判相关的产品信息，而要尽可能对整个公司的情况进行全面把握。有了这样庞大的信息积累，在接下来的信息分析阶段会更容易达成质的飞跃。

谈判时收集信息最容易忽略的就是对己方相关信息的收集。

如何对付"习惯性否定者"

> 麻烦人物也有其存在意义

任何场合都有这样一类人,他们总是在团队讨论中负面发言不断,要么二话不说直接否定别人的观点,要么把他人的错误当成笑料,导致讨论难以继续。

对付这类习惯性否定者,其实有个好方法,就是当着众人直截了当地正面交锋:

"你认为这个观点如何?你觉得这样做是对还是错?"

作为我的常用策略之一,这一方法几乎屡试不爽。大多数情况下,那些习惯性否定者都会自己小声嘟囔几句,之后默默闭上嘴巴。

除了习惯性否定者之外,当有人经常打断别人的发言,或吐

槽他人的观点时，可以请专人默默地站在他身后（就是必须回头才能看到的位置）。 这种无形的压迫感，也会让麻烦人物乖乖地安静下来。

不过头脑风暴中的"刺儿头"并非一无是处。如果找准时机向他们抛出问题，有时他们的发言也会为议题做出不小的贡献。

永远不要在谈判前二十四小时修改内容

> 要在开场七十二小时前完成准备

距离谈判正式开始没剩几天了，这个时候，你是否会忍不住把准备好的材料拿出来，再做些小调整？但我并不推荐这一做法。

当你把所有必要内容都囊括在资料中，可以心满意足地伸个懒腰的时候，你的准备工作就已经结束了。此时你的幻灯片中或许有那么一两处小错误，也可能订书钉的位置没有排成整齐的一条直线。然而，这些细枝末节完全不值得你在谈判前熬夜修改。相比之下，不如早些休息养精蓄锐，让第二天的自己保持容光焕发的状态去迎接谈判吧。

如果你是整个团队的负责人，那不妨用你的权限定下一条铁律："从现在开始，禁止对演示材料做任何修改"。**如果决定权在你的上司，则不妨请他尽早完成资料的最终审核。**

至于从准备资料完成，一直到谈判正式开始的这段时间，不妨放慢工作节奏，比如做做材料的演示练习，或与其他谈判成员进行模拟问答。

头脑风暴：不打无准备之仗

头脑风暴并非自由讨论

无论是单独包揽谈判工作，还是作为团队的一员参与谈判项目，头脑风暴都是必不可少的准备工作。

头脑风暴的形式并不唯一：可以是一个人列出思维导图，整理自己的方案思路；也可以是整个团队召开头脑风暴会议，大家一同集思广益。总之，在头脑风暴之前，需要仔细完成相关信息的收集、整理和分析工作，将客观情况提前装入自己的大脑。如果谈判前有公司内部的团队讨论，还需要把这些数据、客观信息汇总成一本信息手册，在头脑风暴前发给与会者。

即便对于同一信息，在不同人眼中也会有不同解读。因此要想把整个团队（或作为谈判代表）的观点精准归纳起来，会

前完成信息共享是绝对有必要的。 通过充足的会前准备，在头脑风暴开始时，每个与会者都能拥有相同的信息基础，从同一起点出发来发散思维。

头脑风暴：先入为主是大忌

> 严禁否定他人观点

头脑风暴的目的，并不是把自己的假设、认识强加给其他与会者，从而谋求一致结果，而是借由不同领域、不同背景的参与者的一同讨论，来激励和催生新的观点。因此，我时常提醒我的同事（同时也提醒自己）——进入头脑风暴的会场之前，请把你的先入之见丢在门外。

职场中的等级制度亦是如此。在头脑风暴中，不妨先暂时抛开上下级关系。毕竟上司并非永远都对，下属也完全可能提出更出色的观点。

而当团队中诞生优秀观点时，对其适时进行深入挖掘，这才是上司在头脑风暴中的真正任务。反之，若上司采取独裁式的高压态度，摒弃一切观点，"唯我独尊"的话，那无疑会扼杀一切新观点的可能性,并影响整个谈判团队的士气。

在头脑风暴正式开始前,首先要声明"观点不论对错,越多越好",鼓励与会者畅所欲言,同时禁止对任何观点进行任何形式的否定,无论是语言上的冷嘲热讽,还是态度上的嗤之以鼻。

头脑风暴会议的座位图（方桌）

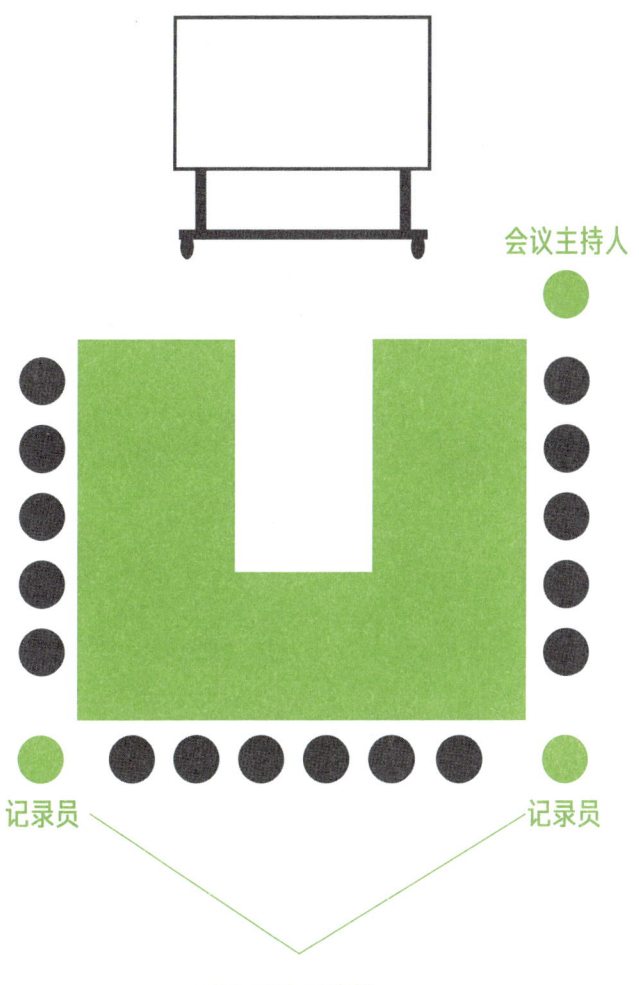

会议主持人

记录员

记录员

两个座位任选其一

头脑风暴会议的座位图（圆桌）

空出该位置
（避免遮挡白板）

会议主持人

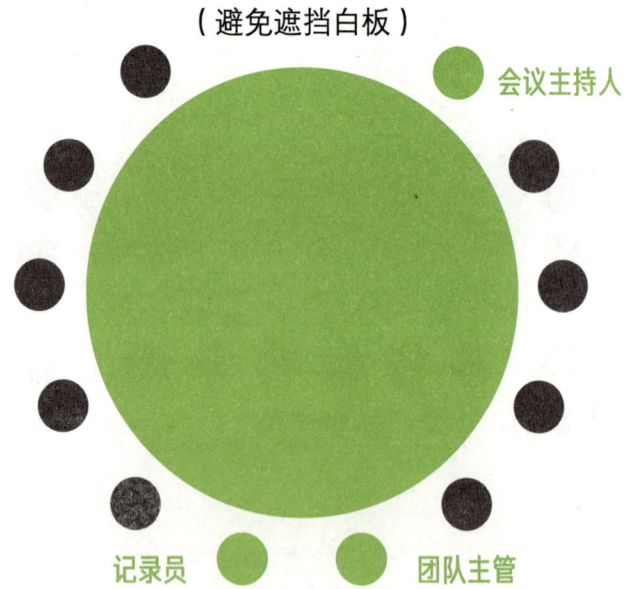

记录员　　团队主管

头脑风暴会场需要足够宽敞，方便与会者自由走动。

头脑风暴：所有提案都是好点子

标新立异有时会化危机为转机

头脑风暴中并不存在所谓的"坏点子"或"蠢问题"。

只要这个提案是当事人认真思考的结果，那么即使自己无法信服，也不要急着去指责或否定，而要**详细阐述自己的反对理由并深入探讨**。无论是对公司固有流程的质疑，还是对集体习惯的不解，都值得在头脑风暴中被大胆地提出。**因为有时候，正是这些对"理所当然"的质疑和讨论，才催生出新的发现。**

在我从事安保、停战协定的调停工作时，有一次，团队会议中有人提出了这样一个问题——"归根结底，双方冲突的根本原因究竟是什么？"

正是这个提问让当时的我恍然大悟。很多时候，我们认为自己早已对事实了然于胸，但事实上不过略知皮毛——因为媒体都是如此报道的？因为报告书上就是这样写的？不，这不应该是问题的最终回答，而应是我们深入思考的契机。

在当时，我的谈判团队就为了深究冲突的根本原因，进行了长达两个小时的讨论。原因很简单，只要你不了解纷争的根本原因，那么解决它的可能性就是零。

我们回到开头，所谓头脑风暴中没有任何"坏点子"或"蠢问题"，这当然是我的工作经验之谈，但也与我记忆深刻的一堂课有关。当时我的硕士导师奥肯教授（他是一位杰出的美国外交官，曾任联合国毒品和犯罪问题机构长官）曾提到美国杜鲁门总统给学生们说的一段话。

杜鲁门总统当时在学校演讲，当他看到学生无一人举手提问时，便说道："同学们，这个世界上没有蠢问题，只有蠢回答。我会尽最大的努力，不用愚蠢的回答来回应大家的提问。"

头脑风暴：做好被说服的准备

重视团队观点，建立大局观

在头脑风暴中，当自身观点与团队讨论后的最终结论不一致时，要学会风轻云淡地舍弃个人观点。

在头脑风暴中，每个与会者拿出自己的想法，和其他观点进行碰撞，并为整个团队的谈判激发出新的创意火花。 到这一步，个人观点就已经为整个团队的结论做出了贡献，而这就够了。当头脑风暴带领大家找到最适合团队的谈判方案时，不妨洒脱地放弃自己的观点，继续前进吧——否则，那无异于亲手将更好的谈判结果拒之门外，任凭谈判良机从自己手中白白流失。

头脑风暴利器之一：巧用便签

便签怎么用

使用方法

- 将同尺寸的便签发给头脑风暴的所有与会者（同色或异色均可）。

- 针对每个议题，与会者将各自的想法和提案分别写在便签上，并贴上白板。若有专门的负责人员，也可由他统一收取。

头脑风暴规则

- 发言要响亮。

- 每张便签只允许记录一个方案。

以上方法尤其适合头脑风暴的初期阶段，方便迅速收集多方想法。此外，也适合谈判前的准备或战略会议，用于整合不同背景与会者的观点。

使用便签带来的游戏感可减少与会者的抵触情绪，更有利于在轻松的氛围中激励想法。

用便签
激励
好点子

　　将白板上的便签整理分类，同时鼓励参与者说出自己对他人观点的意见和看法，共同讨论直至结论成型。

　　至于会上讨论后没有被采纳的观点的便签，也要全部保留下来。在之后的某个机会，这些被搁置一边的点子就可能会大放异彩。

便签的写法示例

供货方

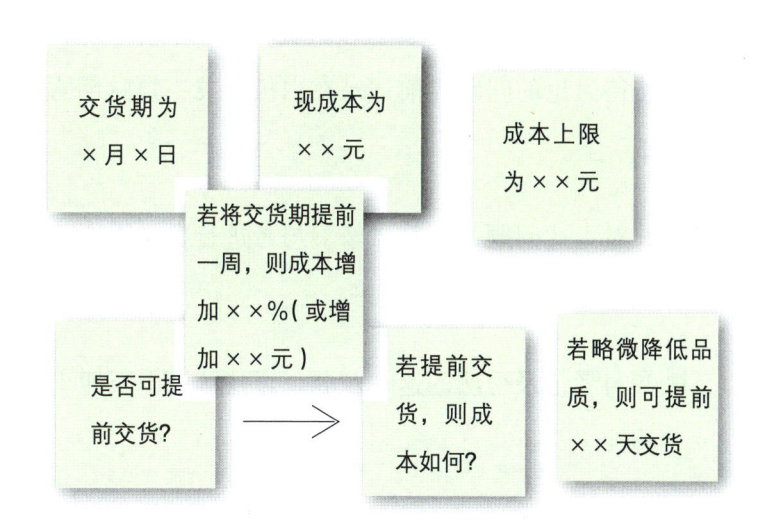

- 交货期为 ×月×日
- 现成本为 ××元
- 成本上限为 ××元
- 若将交货期提前一周,则成本增加××%(或增加××元)
- 是否可提前交货? → 若提前交货,则成本如何?
- 若略微降低品质,则可提前××天交货

采购方

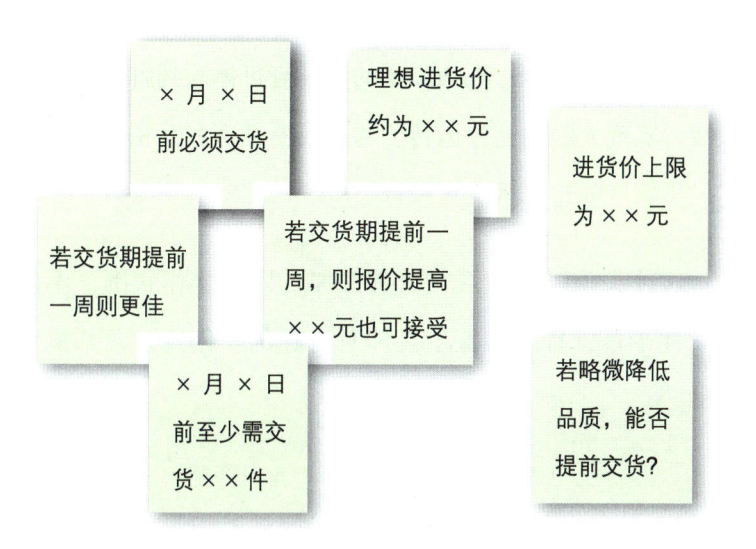

- ×月×日前必须交货
- 理想进货价约为 ××元
- 进货价上限为 ××元
- 若交货期提前一周则更佳
- 若交货期提前一周,则报价提高××元也可接受
- ×月×日前至少需交货××件
- 若略微降低品质,能否提前交货?

头脑风暴利器之二：巧用白板

白板怎么用

- 将待讨论的问题提前记录在白板（或一张白色的大纸）上。

- 针对上述问题，头脑风暴参与者进行自由思考，并随时将自己的想法写下来。

- 参与者记录想法的这一步骤，可持续三十至四十五分钟。

- 以上步骤完成之后，参与者分别对彼此的观点进行讨论，直至结论成型。

在这一过程中，头脑风暴的参与者可体验到解谜般的娱乐性，实现大脑的充分运转。通过畅所欲言和互相启发，可进一步拓展联想，激发新观点。

这种头脑风暴的形式具有浓厚的团队合作氛围，不仅趣味性十足，且容易催生具体且有趣的新创意，尤其推荐尝试。

白板内容的整理技巧

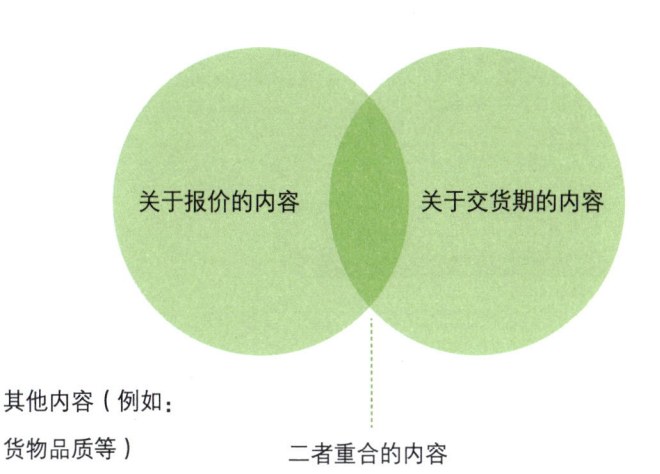

关于报价的内容　　关于交货期的内容

其他内容（例如：货物品质等）

二者重合的内容

关于报价的内容　｜　关于交货期的内容

其他内容（例如：货物品质等）

二者重合的内容

头脑风暴：意见和建议都值得提出

> 找准病根，才能对症下药

在头脑风暴中，要养成"意见和建议都敢说"的习惯。

不要小瞧这一习惯的重要性。**通过让团队成员抒发平时工作中的不平、不满情绪，一些以往从未引起注意的问题也会自然浮出水面。** 这样一来，团队就能在积极的氛围中着手处理问题，并探讨具体的解决方法。要想找答案，必须先看到问题才行。

当然了，畅所欲言并非没有底线，那就是永远不要把私人的问题和不满带到团队讨论中来。如果组织内真的存在这类问题，它们也不属于谈判前的头脑风暴会议，还是交给人事部门或该员工的直属上司来找机会解决吧。

举个例子,假如我们现在要举行一场关于"如何让地铁更方便"的头脑风暴会议。

在这种情况下,我们必须放下日常地铁通勤时的个人烦恼:比如自家离地铁站太远。相反,**从第三方角度分析并总结出自己的客观看法,往往能找到更具建设性的问题解决方案。**比如:在地铁指示牌上添加外语、简化行驶方向的指示牌设计、增加一些方便轮椅和婴儿车的斜坡等。

头脑风暴：结论必须落到纸面

> **莫忘初心：团队交流才是最终目的**

头脑风暴的散场并不意味着结束。为了方便之后回顾当时的讨论结果，会议记录是不可或缺的。

但值得注意的是，在团队的头脑风暴会议中，**不要让任何一个人做只动手不张嘴的书记员**。毕竟头脑风暴的精髓是整个团队的全员参与，一旦只专心在记录上，再难得的好创意也会被浪费掉。也正因如此，就更要保证会议中每个观点都被切实记录下来——可以让每个参与者分别写下自己的想法，也可用白板（或支持打印功能的电子白板）来汇总每个成员的观点，之后再进行整理。

头脑风暴之后的工作，就是循着会议记录中每个成员的主张和意见，沉淀出整个团队的谈判观点，并分享给头脑风暴的每一个参与者。

在团队结论正式出炉之后，即使和个人观点存在矛盾，也没必要太过斤斤计较。 毕竟头脑风暴的最终目的是得出团队的谈判观点，为之后上谈判桌做准备——这才是最重要的。

国际谈判专家档案
——何为谈判学

所谓谈判学,可以简单理解为"研究各种谈判的学问",但事实上,它的诞生始于经济学(尤其是博弈论)、行为心理学、行为科学、政治学、法学、经营学(即商学院教授的经营管理实务)等各学科之间的协调合作。如今谈判学作为一门学科,正以英美两国为代表逐渐系统化。

谈判学的形式十分多样。根据以何种角度去看待谈判、以何种学问(如法学、政治学、经济学等)为研究主轴等角度的不同,谈判学既可作为商学院的学科之一,也可在哈佛大学肯尼迪政治学院这样培养专业行政、外交人员的学府中占有一席之地。

在以往的谈判学领域中,主张"谈判学=赢得谈判的学问"的学派曾一度独占鳌头。然而随着罗杰·费希尔(Roger Fisher)的经典著作《谈判力》的问世,谈判学的主流风向已经开始发生转变，通过协调性策略将整个蛋糕做大，取得双方共赢的谈判形式正在占据主流。而我本人所学习、实践的谈判学也更接近于后者。

在过去的日本，"谈判学"也着实是个稀有词汇。也许是受《谈判力》一书的影响，各种有关谈判的研究和训练才有条不紊地展开。比如庆应义塾大学开设了谈判学课程，大阪大学也设立了谈判学研究会等。我本人也在早稻田大学大隈讲堂、各类企业研修中进行谈判学和谈判策略的教学。

CHAPTER 2

第 二 章

谈判桌上的策略

在谈判过程中你关注到的对方的每一个细节，都可能成为实现谈判目的的突破点。

开局、终局要争取主场

在放松的环境中迎来首次交手

谈判也有主场优势,因此为了在放松状态下超水平发挥,不妨尽可能邀请对手来自己的主场过招吧!

试想一下,若是赴对方公司(或对方指定的场地)谈判,那么你大概率要面对一个陌生的环境,除了处处局促,在待人接物上也难免拘谨,自然会导致情绪紧张。**但熟悉的环境就不同了,在开局时既可处于心理优势地位,更能在谈判时间、座次安排等多方面紧握主导权。**

若能顺利确保主场地位自然是好,可倘若双方在选择谈判场地时发生分歧,则不妨主动提议——将第一次谈判设在自己主场,第二次再设在对方指定的场地。如果依旧行不通,也可定在饭店的大堂、餐厅这类对双方而言都属客场的地方。

若情况不允许，无论如何都要赴对方主场谈判的话，不妨带上一些给自己积极心理暗示的幸运小物，也许会收获意想不到的效果。

胜者往往背对窗户而坐

> 易守难攻的兵家必争之地

谈判时切记要背对窗户而坐。**即使开局为客场，这一策略也能助你打破不利的权力格局，化劣势为优势。**

这一策略不论昼夜皆可通用。由于一般商业谈判都在白天，**让对手面对窗户时，我们能轻松观察对方脸上的细微表情变化。而于对方而言，则很难通过观察我方表情来窥探我们的心理。**

此外，背光时不仅表情很难被观察到，且全身轮廓会被阳光所环绕，这会在心理上进一步放大权威感，给对方带来无形的心理压力。

在这里，我想从行为心理学的角度出发，介绍三种谈判的座位关系。只要充分理解这些座位关系的细微区别，就能在谈判桌上助你一臂之力。

相对而坐

- 会制造轻度对立感。
- 在双方互陈意见时,往往容易出现意见相左或得出负面结论的倾向。
- 双方更易充分理解对方意见和想法。因此,这种入座方式更适合双方对立点明确时,或互陈意见、整理重点时使用。
- 往往难以达成折中方案,或说服对方、得到认可。

双方呈90°角坐

- 该位置在心理学上代表"权威者""专家"。
- 常见于医院诊室中,如医生与患者往往采用这种入座方式。
- 此种入座方式具有增强说服力的心理效应,例如采用此座位关系说明分析结果和调查结论时,往往会更有说服力。

并肩而坐

- 容易诱导协作互助、一同解决问题的心理状态。
- 可营造出协作、互助的愉快友好氛围。
- 这种入座方式更适合谈判未正式开始前,制作谈判资料时使用。

"沉默"的优势

对手的不安就是你的机遇

沉默，有时是让对方做出妥协的强大武器。

滔滔不绝是我在谈判桌上的常态，但偶尔我也会陷入沉默。在这反常的沉默中，对手的心理活动不难想象。尤其在对方已经认定你是逻辑缜密、巧舌如簧型的谈判风格后更是如此，在你突然沉默的瞬间，对方就会陷入极度的不安。

默不作声，然后瞥一眼对方，再深深叹一口气——这组操作往往非常有效。特别是在西方文化圈中，由于其身体语言本来就较多，即使直接照搬上述动作也绝不违和。但如果在东方文化圈，你的沉默演出则可稍微内敛一些，比如"嗯……"一声表示沉思，或在沉默中微微点一点头。

在这场无声的博弈中，你的谈判对手大脑中会飞速掠过几个想法：他是不是有什么不满？是不是我说了什么得罪对方的话？倘若这场沉默的博弈得以持续下去，则无疑意味着对方也是一位谈判高手。然而大多数情况下，你还来不及在沉默攻势后再度发言，对方就已经开始逐渐妥协了："要不我们的条件再调整一下？您看这样如何？"

只要谈判能走到这一步，你就可以继续这面无表情的沉默，直至对方妥协到你满意的条件，甚至中间还能穿插几声叹息。

在谈判的沉默策略中，你的胜利正是始于对方的不安。一旦对方开始猜测你不同寻常的沉默背后的原因——

"是不是我们提出的条件太过分了？"

"是不是我们把他激怒了？"

是的，这时你就赢了。

以我的谈判经验来说，沉默策略大概率都能带来和预期最佳方案极其接近的谈判结果。除了商业谈判之外，沉默策略在日常生活中的各种协商、交涉中也十分有效，值得尝试。

揣着明白装糊涂：让对方丧失战斗欲

> 化危机为机遇

揣着明白装糊涂，这也是谈判中的有效手段。

如果你的谈判对手巧舌如簧，试图片面地将自己的见解和立场强加在你身上，此时不妨回上这样一句：

"哎呀抱歉，您刚刚的发言我没听懂。"

"嗯……这部分我没太理解，请再详细说明一下。"

这一招的效果在对方口若悬河、长篇大论后尤其惊人——在对方试图用压倒性的数据和理论优势一举制胜时，我们偏要以退为进、从容不迫地演出一场不知所云的戏码。

此时，即使你的内心世界早已对对方的实力自叹不如，也并不耽误你的态度给对方砸下强有力的一击。若和之前提到过的沉默策略配合使用，则效果更佳。

那么面对我方的装糊涂策略，对方会如何反应呢？有两种可能。

如果是经验丰富的谈判老手，大概率会干脆放弃当天的谈判，提议会议改期，留出时间来考虑下一步的谈判策略。

但还有一种可能——对方真的会把你的装傻充愣照单全收，更简明易懂地解释一遍你假装没听懂的内容。而在这一过程中，他极可能会把原本没打算透露的立场、背景、重要信息也和盘托出。一般来说，对方的谈判准备越充分，谈判经验越少，就越容易露出这种破绽。

而这个时候，我们只需欣然接受对方奉送的这些重要信息即可。

那么如果反过来呢？倘若对方率先使用糊涂战术，我会一边叹一口气，一边默默笑笑，提议谈判改期并重新制定谈判策略。如果必须在当天完成谈判，则可提议休息一下，让头脑冷静下来，再去思考应对策略。

无论是一言不发的沉默战术，还是揣着明白装糊涂，乍一看都是主动暴露己方的弱点。别看这些策略不直接涉及谈判内容，但却都是有效化危机为机遇、扭转乾坤的强大谈判武器。

用身体语言乘胜追击

> 一些非语言谈判技巧，会让对方自乱阵脚

和沉默策略、糊涂战术具有同样效果的，还有动作、表情等身体语言策略——那么，若将沉默策略和身体语言结合起来，效果又会如何？

在对方的说明告一段落，征求我方意见时，只需要在沉默中闭上眼睛、轻叹一口气，再摇摇头，即可在闭口不言的同时传达出反对、拒绝的信息。

在做上述动作之外，再加上一个轻轻挑眉的表情，则可传达出"难以置信""不敢恭维"等负面意义的情绪。

此外，在谈判初期对方表明立场和主张时，你只需双手抱胸，除点头之外始终保持沉默，即可传达出"拒绝信号"。

根据行为心理学，双手抱胸的动作可传达出"疏离、不信任、拒绝接受"等信息。在日常生活中，这类暗示心理活动的肢体动作和表情往往是自然流露的，然而若在理解其效果的基础上作为谈判策略来用，往往能起到乘胜追击的惊人效果。

非语言行为的影响力，在角力拉锯的谈判场合尤其惊人。因为语言会说谎，身体却不会。

谚语说："眉目传情胜于口。"其实在谈判中，眼神也是窥探对方状态的重要密码——对方的眼神变换、眼睛注视的位置、眨眼次数和快慢，都会告诉我们很多信息。

比如，目光四处游移往往预示着谎言。而一般情况下，眨眼次数多的人大多没有自信，或者是正在欺骗遮掩（当然，并不排除个人习惯的可能性）。

总之，只要我们能从身体语言正确解读对方的心理，谈判节奏就能牢牢掌握在己方手中。

常见身体语言示例

双臂交叉抱胸

预示着戒备心、拒绝

斜挑眉

预示着难以置信、不敢恭维

沉默并闭上眼睛

预示着不认可、拒绝

眼神流露心理

目光朝向左下方

正在联想声音、语言等听觉上的体验。

目光朝向左上方

正在回想过去。

目光朝向右上方

正在想象从未见过的景况或未来。

目光朝向右下方

正在联想触觉、味觉、嗅觉等感官体验。

目光朝上

- 因缺乏自信而犹豫不决。
- 目光朝上且强烈时,也可能预示着反感或愤怒。

主动进行眼神交流

对对方有强烈关注。

目光四处游移

预示着此人可能正在撒谎。

眨眼频率高

预示着缺乏自信,或掩饰、欺骗。

抬头并向上看

正在整理思路。

拒绝眼神交流

· 厌恶对方。

· 若说话时拒绝眼神交流,也可能预示着自己害怕被批判。

如何辨别说谎者的笑容

- 真正的笑容：最初笑意只出现在嘴边，之后才到达眼底。
- 说谎者的笑容：笑意同时出现在眼中和嘴角，或笑起来嘴角一高一低不对称。

坐姿暴露动机

抖腿

- 有以自我为中心的倾向。
- 正在试图舒缓紧张的情绪。
- 若在对话过程中开始抖腿,则代表拒绝或不耐烦。

小腿交叉而坐

有天真幼稚、浪漫主义倾向。

跷二郎腿(左腿在上)

性格积极且开放,重视自我节奏。

跷二郎腿且频繁换腿
感觉无聊,试图转换心情。

腿朝向门的方向
内心希望快点儿结束对话。

跷二郎腿(右腿在上)
有内向、消极的倾向。

双腿伸向前方
感觉无聊、乏味。

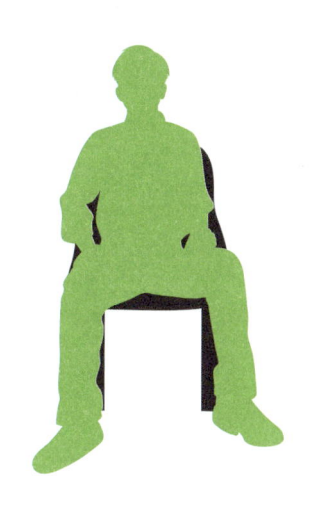

双腿叉开（男士）

坦诚以待、示好。

双腿并拢（男士）

预示着防御性心理。

双腿并拢且斜向一侧（女士）

自信且自尊心较强，希望展现自己优雅的一面。

姿态揭示谎言

- 视线朝上
- 隐藏手部动作
- 捂嘴
- 比平时更频繁地用手摸脸
- 频繁眨眼

- 揉眼睛
- 全身的肢体动作增加
- 摸鼻子
- 笑容减少，同时点头次数增加
- 用以辅助表达的单纯手势动作变少
- 回应速度快且回答较短

从对方眼神里探虚实

> 如何一眼洞悉对手

正如前文所说,眼睛微表情无疑是谈判桌上的有力武器。因此无论是倾听还是诉说,都必须主动和对方进行眼神交流。

倘若因害羞而难以直视对方的双眼,不妨试试只注视一只眼睛,或把目光放在对方的眉间,甚至是对方的下巴。**总之,你需要让对方切实接收到"这个人在注视我的眼睛"的信息。**其实注视这一行为,本身就是"我在认真倾听(或诉说)"的无声信息。**这在异国间的跨文化交际和谈判中同样适用。**

那么,注视对方要到什么程度呢?以我的谈判经验来说,稍稍调远眼神的焦距,在目光中留出一定距离感最佳。

哈佛谈判项目曾做过这样一场调查实验。针对男女受访者分别提问:"在与性别无关的情况下,你第一眼会看人的哪里?"其中,女性受访者中回答最多的则是——观察对方的整体气质。

女性对人的观察是用一种类似柔焦镜头般的朦胧方式,这不失为一种掌握对方整体状态的手段,也是我推荐用在谈判桌上的观察技巧。

用这种方法观察谈判对手,可以在短时间内捕捉对方的情绪状态、目的及对方期待的反馈,并随机应变地调整当天谈判的切入点。

此外,这种观察方式还能形成"自己在心理上占据优势"的积极自我暗示,也是我的常用谈判技巧之一,推荐大家一试。

洞悉谈判对手的眼神运用方式

- 像远望一般,用朦胧的视线焦点注视对方。
- 让目光照顾到整个视线范围,避免盯住某一点。
- 避免直勾勾地凝视对方双眼。
- 把握对方的整体状态,即可占据谈判的心理优势。

红蓝黄绿：巧用色彩心理学

> 开局、困局、定局时更有效

在谈判中，色彩的心理效应也不容忽视。

举个例子，在服装中加入红色元素可展现出穿着者的热情性格，也能凸显出强大的气场与自信。因此，在希望强调自己的领袖气质、树立威严时，不妨在衣着搭配中加入一些红色。

比如，美国总统在白宫进行重要演讲或总统大选的候选人参加电视演说时，穿蓝色或白色衬衫并搭配红领带几乎成了一种标配，这就是为了凸显出强大且值得信任的形象。而在商业演讲、简报中，也不妨试试用服装来展现自信的态度。男士可选择红色领带，女士则可选用红色腰带、胸针或丝巾等小配饰。

此外，红色的心理效应在谈判开局时也十分突出。每次谈判开局时，我几乎都会戴红色领带出席。红色能帮你在对手眼中留下成竹在胸的形象，就算不能，这种心理暗示也能在无形中酝酿出自信气质。

而相比之下，蓝色则可带来沉着、冷静、无懈可击等稳重印象。在谈判中，试图用数据说话、让对方心服口服时，最适合利用蓝色的这一心理效应。

此外，需要在团队战略会议中整合组织意见、行使自己的领导力让员工"听话"，抑或是希望提高别人对你的信任程度时，都不妨将蓝色加入自己的衣着中。

当我在谈判中表明立场或试图说服对方时，往往会系蓝色领带。蓝色领带的效果不同于热情的红色，它的沉稳特质更容易帮我们赢得对方的信任。

而当谈判僵持不下时，黄色和橙色等暖色调则会一下子点亮空间，带来柔和舒适的氛围。因此在活跃思维、寻找新创意和问题突破口时，这类颜色无疑会助你一臂之力。

除了正式谈判之外，这一技巧还适用于谈判准备阶段的战略会议上，用于激发新的观点和意见。当思维枯竭，灵感断供时,不妨试试在会议室中放上一支向日葵,或在休息期间吃个橙子,相信温暖的黄色、橙色会让你的灵感更易涌现。

其实在我的谈判生涯中,也曾出现过这样一个非常有趣的偶然现象。当年我的谈判团队中有一位非常美丽的红发女士,每当谈判陷入僵局时,只要她进入会议室,房间的气氛就会一下子明亮起来,双方的讨论往往也会更加活跃。

而在谈判后期的结论孵化阶段,除蓝色之外,绿色和黄绿色的积极心理效应也可圈可点。比如在谈判双方并肩而坐、共同整理方案草案时,绿色服装更易营造出团结、协作的信任感。其实绿色的镇静效果在日常生活中也有所体现,例如在办公室装饰观叶植物、使用绿色壁纸等,都是利用了这一心理效应。

二十秒塑造第一印象

> 初印象万能公式＝笑容＋问候＋赞美

人会在初次见面约二十秒内决定对方的第一印象，并借此决定之后的相处方式，因此第一印象的重要性不言而喻。当初次见面发生在谈判场合时，更要特别留意。**在初次见面与对方眼神交会或进入谈判室时，务必保持笑容。**

就我而言，我会为工作场合准备一个专用的职业笑容。职业笑容无需扬扬得意的神采，当然也并非忍俊不禁的爆笑，而是一种让人感觉很舒服的微笑。其实，这同样是在当年从事国际谈判调停时，很多经验丰富的谈判前辈传授给我的。我的谈判老师和人生导师，前联合国人道主义事务副秘书长塞尔吉奥·德梅洛先生总是面带微笑，同样，联合国－阿盟叙利亚危机联合特使拉赫达尔·卜拉希米先生也总是满面春风地步入谈判室。

我们谈回第一印象的黄金二十秒——面带柔和亲切的笑容、直视对方的眼睛，然后握手。这将开启你和谈判对手的面见流程，这一过程可持续二至三秒。

在这之后，保持笑容和握手的姿势，同时简单问候——"您好，很高兴见到您！"或者"好久不见，您身体还好吗？"当然，这样的日常寒暄并不需要指南，重要的是寒暄后用什么话来接上，这才是决定第一印象的关键。

我推荐的方法是，不经意地谈及对方生活中的一段小新闻，并借此表示赞美。加上之前的寒暄，时间刚好是二十秒。

那么，什么内容适合作为此时的话题呢？

这个时候，就显示出准备阶段中信息收集和分析的重要性。首先，一旦确定了谈判对方的身份，需要通过互联网等渠道尽可能收集与此人相关的所有信息。如果对方上过新闻，那这条新闻绝对是需要深入调查的对象。如果你和这位谈判对手有共同的熟人，则可打听对方及其家人的近况、生活习惯、兴趣等。例如，若对方酷爱钓鱼，就可以在谈判前做些钓鱼相关的功课，作为见面后的话题储备。

这里需要注意的是，无论如何，话题务必是正面积极的内容——当然了，对于初次见面的谈判对手，相信也没有人会情商低到主动提及离婚、家人过世等负面话题。针对这种负面话题，**除非对方主动提及，否则永远不要从自己嘴巴里说出来。**

第一印象的黄金二十秒行动公式

眼神交会时露出笑容

↓

握手

（国际场合更要注意，不要采用拥抱等问候方式）

↓

日常寒暄 + 谈及对方的一段小新闻，并表示赞美

＝

好的第一印象

尊重禁忌：别批判，也别被批判

让你走出国境依然值得信任

但凡要开口说话，就一定会有禁忌。

其中首要一点，就是绝对不要触碰对方的禁忌。例如，很多时候宗教不适合作为聊天话题。而在部分国家和文化圈中，甚至连男性直视女性都是不被允许的。此外，食肉等饮食习惯也可能成为一种禁忌。

而谈判禁忌中的第二点，就是不要批判对方。哪怕在你发现对方做错了的时候，也不要宣之于口。

以上这两点"不主动批判"的行为准则其实还算容易，

毕竟只要想做就能立刻化为行动。但我在谈判中会再迈进一步，用"**不批判，也不让对方批判自己**"的坚决态度来武装自己。

我们举个例子。假使在一段平等的谈判中，你的谈判对手发现自己更年长，便趾高气扬，对你嗤之以鼻：

"我是真不愿意和你这样的后辈小子谈！"

"你这么年轻，真的是负责人吗？"

我们既不能这样批判别人，也不应该容忍被这样批判。这种时候，你应该用坚定的语气明确告诉对方——是的，我就是负责人。

而赴国外谈判时，既要了解当地禁忌，也要在语言和行动上尊重对方的文化和宗教。

了解禁忌很简单，但在此基础上学会得体的举止并真正付诸行动，其实并不容易。在文化冲击面前仍能毅然选择入乡随俗，就是让你走出国境依然值得信任的秘诀。

联合国-阿盟叙利亚危机联合特使拉赫达尔·卜拉希米先生曾说过一句话，这句话也是我在涉外谈判中的信条：

"每当你访问一个国家时,都要尽可能多地了解当地情况,因为你不知道什么时候会和这个国家的人一起坐上谈判桌。"

家人是每个人的软肋

永远不要谈及对方家人的负面话题

如果你从可靠渠道听说了谈判对手的"小道消息",且这个小道消息是积极正面的,那么不妨把它应用在谈判中。打个比方,如果谈判日期临近对方生日,你可以带着花束,在谈判正式开始前献上祝福。如果是更具经验的谈判高手,则会把谈判对手的夫人(或丈夫)的生日也调查到位,并同样准备好花束和蛋糕。

有"足坛活化石"之称的三浦知良、职业棒球队"读卖巨人"的前主教练长嶋茂雄,二位都是日本运动界的名人。我虽无缘结识,但听说除了两位球星本人,连他们的夫人也常会收到球迷送上的鲜花。本书第一章也提到过,在美国、英国的大学里设有专门的"谈判学"课程,这门课上就有一条很重要的知识——如果你想攻陷谈判对手本人,必须先从其家人入手。

家人是每个人最爱和最想保护的对象，当我们像谈判对手一样爱他的家人时，就会得到谈判对手的认可和关注。

把对手当朋友

> 放下敌意，一切反而更顺利

你是否有过这样的体验：当谈判陷入僵局时，即使什么都不说什么都不做，都能感觉到气氛剑拔弩张？此时不妨给自己这样的心理暗示——对面的这个人不是坏人，而是我的朋友。

我认为，一个真正的谈判专家可能会用尽各种谈判策略，但永远不会气焰嚣张地带着欺骗、掠夺的敌意进入谈判室。的确，有些人认为谈判就是零和博弈、分出胜负，**但实际上，谈判是将双方利益最大化，并寻求相互利益的一种手法**。

因此不妨尝试一下，**将对手看作为共同利益创造选择方案的朋友和伙伴，而不是敌人**。这样的心境能自然而然地带来冷静、理性及从容，并助你在谈判中始终保持客观。

懂得称赞，这与口才无关

无关利害的话题 + 认真倾听

你有没有烦恼过，谈判应该以什么样的话题开始？

酝酿谈判气氛时，不妨从无关利害的话题开始切入。 如果谈判会场在对方公司、饭店等场合，落座后不妨先谈谈这一路上的见闻，也作为彼此熟络的一种方式：

"刚才来时，我看大楼前有一条松狮犬。我最爱松狮犬了，不自觉逗了逗它。"

谈判暖场的关键是要选择与谈判无关的、任何人都能接上话的日常话题，这也能作为最初的破冰对话。

当然，**感谢对方拨冗出席也十分重要**——"久闻大名！很高兴见到您！"同时伸出手去握手，这一做法在全世界范围内都是调和气氛的好方法。

此外，称赞对方的服装也不错：

"您今天这套西服真不错。"

"这条领带真高级，是定制的吧？"

这样关于服装的简单话题，也能让你聊上几个来回，保持气氛不冷场。

我曾经的老板在谈判时颇有一套。只要他的谈判对象是女士，就一定会称赞对方的首饰：

"您的戒指真漂亮，是红宝石的吗？"

如果对方是男性，则会更直接地问：

"您的戒指是在哪里买的？"

这样简单的几句称赞，就能让对方主动开口，接下来就算只保持微笑点头也不会冷场。此外，这个技巧也适用于国际会议的酒会、晚宴等场合。如果用餐时你的圆桌上都是陌生人，不妨用它来代替名片。

而破冰之后最重要的，就是把说话的机会让给对方，同时认

真倾听。 我就曾在派对上遇到过这样一件趣事。当时一位先生主动跟我搭话：

"岛田先生！我一直在找您呢。我有件事，想请您务必给点儿建议……"

"噢，是××先生呀！我当然乐意效劳，请问是什么事？"

就在我这句话之后，对方就开始滔滔不绝地谈起自己的问题，以及自己对问题的看法。在此期间，我唯一有机会吐出的几个字就是"嗯，不错不错""这问题确实棘手"而已。

然而派对结束之后，他却对我说：

"岛田先生您真是口才了得！承蒙相助，我的问题终于解决了，真是感激不尽！"之后我听说，那位先生的朋友们似乎也都对我的口才赞不绝口。

因此，破冰后务必把发言机会交给对方。这不仅能在当下获得暖场效果，也会将友好的气氛持续到谈判正式开始之后。**据说业绩优异的顶级销售员们也都擅长使用这种破冰技巧，或者说是——让对方说话的技巧。**

永远主动切入正题

有效掌握谈判主导权

之前提到过,适当的闲谈可帮助谈判以友好的气氛开始。但并非所有闲谈都能自然而然地顺利转移到正题,有时则会演变成没完没了地聊闲天。

因此感觉热场足够了,差不多可以进入谈判正题时,就可以停止给聊天内容注入更多谈资了,而是微笑着点头,等待对方把剩下的话说完。

即使在这个"暖场聊天"即将结束的时刻,依然需要认真倾听。 但在对方话音落下后,不要接过话茬,而是沉默两秒钟,之后直接引入正题——

"话说我们今天专门请您过来,是因为……"

主动切入正题，在谈判中是大有裨益的。**而在当天谈判结束后，你可以再不经意地提及开头时的闲聊话题。让对方知道你始终在认真倾听，为你在对方心中的可靠度再加一分。**

不满要用理性倾诉

情绪化发言无法解决问题

谈判的"正题"也有很多种。那么因某种原因进行投诉或提出不满时,应如何切入正题呢?我建议的方法是——首先用尽可能平稳、和缓的语气引入话题,比如:

"其实,我们对于××方面还有一些担忧……"

在投诉或倾诉不满时,总有些人习惯一上来就怒气冲天,甚至连基本礼貌都顾不上了。然而作为文明社会的一员,**最低限度的礼貌是不可逾越的底线。与此同时,再用平缓的语气叙述客观事实,并具体说明自己的感受。**

从效果来看,不同态度导致的结果也显而易见。相比拍案而起的愤怒投诉,冷静且准确地指出问题反而更容易得到认真对待。而且逻辑清晰地说明问题,也更易于对方理解己方不满的原因,从而更准确迅速地解决问题。

投诉并非一件美差,而且我们大多是在头脑发热、急躁冲动时去做这件事。这个时候,不妨试试深呼吸让自己冷静下来,再用理智去面对投诉对象。相信你会发现,结果会完全不同。

谈判高手这样掌握主导权

讨论事项务必主动提出

进入谈判正题后,应该在说明谈判关注点的基础上,用冷静平淡的口吻罗列出讨论方案。

关于谈判方案,建议大家率先提出来。因为这样一来,留给对方的只有两个选择——要么直接同意,要么在此基础上追加条件。无论选择哪一种,都能确保主导权掌握在己方手中。

但提出方案时有一大忌,就是绝对不能让它听起来像是已经板上钉钉的事实,因为对方往往也有其自身考量。因此在提出方案后务必征求对方意见,这一步是必须且极其重要的。

至于提案时的座位关系,最理想的就是双方并肩而坐,面向同一方向。**讨论方案细节和目标时，可以在双方面前放一份方案资料，在理性、积极的气氛中逐条修改并完善文件内容，直至合作案成型。**

之所以建议双方使用同一份资料，是因为这样一来，合作案确定后即可在短时间内完成整理，并复印分发给相关人员（为以防万一，可多印几份）。这样做既可缩短谈判中的讨论时间，也会让最终方案内容更严谨周密。

切忌顾左右而言他

咬定主题不放松

优秀的谈判者永远会紧扣主题。面对谈判对手时，很多人总是忍不住跳跃性发言，前一句还在就成本价侃侃而谈，话锋一转就谈起售后服务了。只要还有机会在谈判桌上构建自己的表达结构，就永远不要主动偏离自己的发言主题。

那么，如何才能在保持对方注意力的同时，明确传达出自己的观点和信息呢？

其实并不难——如果你的发言有几个重点，那么不要一口气全部说完，而要将重点分开逐个说明。并且说明完一个重点之后，再简单确认一下对方是否跟上了你的说话进度，比如：

"请问我的表达还清楚吗？"

"请问您对刚刚的内容有什么疑问吗？"

像这样确定对方理解之后，再进入下一个重点的说明。

除了会议发言，冗长的简报演示也往往容易让人精神疲惫，无法长时间保持全神贯注。我们都知道，简报往往会在最后安排问答环节。然而在其演示过程中，也可适时插入一些简单的互动提问，让简报收放有度，同时在问题刚产生时得以迅速解决。这样做既能更好地把控简报演示节奏，也不易让听者感觉无聊。

话不用多说，三成就够

会听会问是领军人物的基本素质

商界翘楚、顶尖营业员们的谈判风格其实都是共通的——谈判时先让对方开口，自己认真倾听。

我在谈判中也是如此——刻意向对方抛出较多问题，让对方承担70%左右的发言。**因为70%是大脑在短时间内可保留的信息量上限。**

在谈判的不同阶段，提问的选择也需要相应变化。谈判初期可就对方的穿着、配饰等来提问，这既是破冰环节也可为谈判热场。而谈判中期则可针对发言提出核实性质的问题，例如：

"所以您的意思就是××，对吗？"

这种提问会促使对方深入挖掘、解释刚刚发言中的深层内容。若提前预备好几个固定的提问话术，到时便可信手拈来。例如：

"关于这一点，我方希望更深入地了解，请问可以详细解释一下吗？"

"能请您用更通俗的方式解释一下吗？"

"请问这一方案的具体实施计划是怎样的？"

可以在对方发言中的喘息间隙适时抛出这些问题，此外，"我对贵方发言的理解是××，请问对吗？"这类核实性质的提问也往往卓有成效。在抛出问题之后，便可以将发言接力棒再次交给对方，默默点头倾听就好。对己方而言，这一策略可帮我们更好地理解对方的发言内容。与此同时，对方也能切实感受到自己在被倾听、被重视。在这一气氛的催化下，对方甚至会透露一些原本没打算透露的内容。

反之，若此时想打乱对方阵脚，则可稍微展现出质疑态度。例如：沉默不语或用"嗯？"表示怀疑，或双手交叉在胸前。特别是在感到对方已经开始占据谈判优势时，这一策略很可能成为打乱对方谈判节奏、扭转劣势的重要转机。

黄金提问话术

- "关于贵方刚刚提到的 ××，请问其原因是什么？"
- "我对您刚刚发言的理解是 ××，请问没理解错吧？"
- "贵方的言下之意是 ××，对吧？"
- "贵方的主张，换句话说也就是 ××，对吧？"
- "请问能就这一方面再详细谈谈吗？"

用眼睛倾听对方

目光接触是构筑信任的基石

谈判桌上，如果对方正在向你说明重要的谈判内容，那么你该如何表现？根据我的谈判经验，即使对方在发言前给了你一份参考资料，也不要只顾埋头阅读。在对方发言的过程中，你应该把这份资料放在自己的桌前或旁边，同时认真看着对方眼睛。

这一方法的效果——**你的目光会给对方发送一条"我正在专注听你说话"的无声信息，进而构筑双方的信任关系。**

当然了，在对方告诉你"请看第×页资料"时，你可以迅速让目光落在资料上，但要在理解大致内容后把目光再转回对方身上。如果他伸手指向资料的某一条，你的视线也要顺其所指的方向移动。这既有利于我们把握对方的讲话结构，也能凝聚谈判双方的共同体意识。

此外，视线交流还有一个好处，那就是通过讲话时的眼神和表情，可以解读出对方主张的自信程度并把握其发言重点。

文件可以在谈判结束后随时回顾，但对方眼神中的无声信号却只能在当场接收。因此在对方开口发言时，不妨抓住一切机会观察对方的眼睛、表情和身体语言吧。

打破谈判困局：穷则变，变则通

走出泥潭的三个技巧

谈判长时间僵持不下，空气中开始飘浮着双方疲惫的气息，会场气氛也逐渐紧张……此时不妨喝杯咖啡休息一下，或者去下卫生间，让自己稍稍远离谈判桌。**通过环境的转换，绷紧的神经也能得到放松。**

除此之外，在谈判间隙用平板电脑分享一些与议题相关的网络舆论，转换一下话题也不错。比如："您看，像我们刚才讨论的内容，一般网民都是这样的看法呢。"

在习惯于口才较量、听觉感知的谈判桌上，换一种感知方式，用视觉确认讨论内容是改变谈判气氛的一种手段，色彩的心理效应也有助于让心情回归平静。

此外，当我参与的谈判陷入困局时，我经常会建议双方将视线汇聚于同一画面（例如同一部电脑的屏幕）。 这一动作能使立场对立的双方陷入一种相邻而坐、朝向同一目标的错觉，进而在不经意间缓和谈判气氛。感觉谈判气氛逐渐剑拔弩张时，建议务必试试这个技巧。

没必要在谈判桌上解决所有问题

分清"坚持不懈"和"钻牛角尖"

谈判难免会因利益矛盾等冲突陷入泥潭。而越是在这种情况下,人们越容易过分执着于该问题,导致谈判迟滞不前。

感觉谈判快要进入僵持局面时,我往往会提议暂时搁置该问题,并快速推进下一个议题。

其实双方共同花费时间、精力去解决其他议题的过程,就是信任关系悄然而生的过程,当然也有助于双方理解各自所持立场的背后原因。

因此与其在棘手议题上长时间僵持不下，不如干脆把问题留到最后，让整个谈判过程中积累的信任感和相互理解来发挥其作用。即便是针对同一问题，搁置到最后，对方往往会采用更灵活、更积极的态度来配合。这也是经验教会我的谈判心理策略的奥妙。

国际谈判专家档案
——跨文化协商人士必读

　　当谈判需要走出国门、跨越文化圈时，否定对方的文化、家人及其国家的历史无一例外需要付出沉重的代价。在这里，我想为国际谈判人士们介绍两个谈判案例。

　　第一个案例发生在马其顿，当时希腊和马其顿正因国旗图案纷争而关系紧张。而当马其顿的谈判负责人在用餐时提到这一话题后，在座的希腊人安娜（化名）则用非常激烈的语气进行回应。此时，周围人已经在向安娜递眼色暗示不要横生枝节，但双方的互相批判还是持续升级加剧，安娜甚至在餐桌上发表了一场针对马其顿的批判演说。

　　之后，原本一直顺利的调停进程也陷入紧张状态，马其顿方更是明确表示："如果不让安娜退出谈判团队，就拒绝回到谈判桌。"虽最终以互相道歉为条件平和了事态，但双方后续花费了相当多的时间和精力才得以重获信任。

接下来是第二个案例。菲利普（化名）是西非纷争调停专家中的佼佼者，经验十分丰富。然而正是由于他长期担任某国的调停工作，才犯下了绝对无法原谅的致命错误。在菲利普还是初出茅庐的谈判新人时，曾和西非谈判代表成功达成调停。然而当时他不仅向对方提供虚假信息，更采取了接近威胁恐吓的态度——其实，这些幕后细节若只在同僚内部说说，倒也不至于引起多么严重的负面影响，但他却把这件事作为另一场谈判中自我吹嘘的谈资，而听到这番话的，正是当年他威逼哄骗的那位谈判代表的儿子。

在扬扬自得的一番吹嘘之后，他还狂笑着发表了一场愚弄当年那位谈判代表的演讲。而这件事的结果就无需我赘述了，其后果甚至严重到我无法在这里说明。

除了以上两个案例之外，与家人相关的话题同样值得国际职场人注意。把贬抑自己家人作为自谦这一行为，在国际舞台上并不讨好。

很多人会在外人面前使用"糟糠之妻""我家的那个不孝子"这种说法。但在国际场合，这种说法不仅达不到自谦效果，反而会让发言者的形象一落千丈。**因为在国外，家人是自己最珍视、最热爱且引以为傲的对象。**所以即便你觉得不好意思，也务必要养成夸奖配偶、孩子、家人、恋人的习惯。

在国际谈判中，一个赞美家人、重视同事的人会被视为体恤他人、保护重要伙伴的可靠之人，这将与谈判中的信任感直接挂钩。就算你已经习惯了谦逊低调的处事方式，也不妨大胆一试，相信你会惊讶于它的神奇效果。

我敬爱的导师德梅洛先生每每谈及家人，语气中都洋溢着抑制不住的爱意。他牵挂家人的神态总是那样充满魅力，这让他不仅获得了女士们的赞赏，也成为很多男士敬仰的对象。

CHAPTER 3

第 章

表达的奥义

好的表达是促进

谈判成功的

重要因素

构筑自己的表达模型

发言要从结论开始

想成为有效沟通者,就需要构筑自己擅长的表达模型。

我经常使用的表达模型是,先点明结论,之后按照合理的顺序说明数据和理由,最后再一次强调——"由于上述理由,可得出××的结论。"

此外,"总分总"的表达模型也有较高的传达效率。先用闲谈、提问或幽默来暖场后,再简单概述接下来的讲话条理(发言的目录),之后就主题进行系统说明,最后再次对内容进行简要归纳(发言的总结)。

经验告诉我,无论以上哪一种表达模型,只要发言内容能遵循其结构,就一定能实现顺利且高效的传达。

如果从脑科学、心理学、行为心理学等角度来解读表达模型的作用，那就是在进入正题之前，要让听者在自己的意识中勾勒出一个大致的内容框架，并在之后的倾听过程中一点点填满该框架。采用这类表达模型，听者的理解程度往往会比其他方法高出七成左右。

首先点明"自己准备说什么""结论是什么"。接下来，按顺序说明"为什么得出这一结论"。最后若还有时间，可再按照"**结论**"一词的字面意思，对论点进行总结——"由于上述原因，可得出××结论"。

构建表达模型时的重点，是让听者能实时跟上说话内容的展开轨迹。举个例子，大家可以想象一下在街上被人问路的情景。当你需要为一个对当下环境一无所知的人指路时，自然而然地就会去努力思考如何才能简单明了地指出最短路线。

其实无论是商业会谈还是谈判，都和指路是一个道理。**只要能用清晰的条理传达出必要信息，温和地引导听者进入自己的观点和理论故事之中，你的表达模型就是成功的。**无论是生活中还是商场上，只要顺利完成对听者的引导，你就能按照自己的想法控制话题走向。

高效表达模型的输出步骤

自己要说什么（目的）

结论是什么（结论）

↓

为什么得出这一结论（论点）

↓

最后重申结论（对论点的总结）

这样"总+分+总"的三阶段表达更高效

条理是个好东西，但别超过三点

> 三点是听觉记忆的极限

在说明论点，也就是理论的内核部分时，建议将内容分成三点左右，并逐个加以说明。

很多人在表达时常常东一榔头西一棒子，话题太过跳跃，听到最后也让人不知所云。**其实重点越多，内容的焦点往往也越容易模糊，让人难以听懂。**

我在谈判中发言时，总是努力这样来开场——

今天我主要来谈××（点明话题），其结论我认为是××（申明结论）。为了说明这一点，我将从以下三点来谈

（说明重点）……

这样的开场能让听者在大脑中搭建出大致的内容框架，并在接下来的倾听中，一点点去填满这个框架中的空白。自然而然地，理解程度也能水涨船高。

与此同时，该效果对说话方也是一样的——在发言之前构建出内容框架，并将内容分为三条左右的重点去填满这一框架，就能实现思路的条理化，沟通也会更高效。

数据胜于雄辩

> 专家意见 + 数据 = 潜意识刺激效果

在试图向对方传达自己的意见时,总有些人会隐晦地向对方暗示自己的可信任感、权威感。但事实上,如果双方并未在长期合作中已确立一定的信任关系,这样的暗示反而会显得形迹可疑。

即使你的见解确实出类拔萃,这样的可疑印象也会让对方在潜意识中产生抗拒心理,对你所说的一切都无动于衷。要想避免这种情况,需要把评价这一工作留给对方,同时不要让任何对自我能力、可信度的赞扬之语从自己嘴里说出来。自信固然重要,但与把自身评价强加于别人是两码事。

要让对方心服口服,**需要用客观事实和数据来佐证你的**

观点。

举个例子,在日本,几乎每个商界人士都会看《日本经济新闻》。那么你可以举出报纸上可供佐证的数据,或引用业界权威来为自己加分——

"对此我的看法是××,其实某某专家也在《日本经济新闻》上发表了类似评论。"

这不仅能大大增加观点的可信度,也会让谈判协议更水到渠成。

除此之外,也可举出在其他业界取得的成绩,再结合对方行业内的实际情况、数据等来具体地分析——"鄙公司提出的××方案曾在A业界取得了这样的成功。而针对贵公司及业界的实际情况,我们提议按照××方式来推进,理论上应该能收获××的效果。"

这一过程中,"在理论上"这一前提是不可省略的。若只论潜意识层面的暗示效果,就算你的方案分析中不包含任何权威专家,也没有繁复的数据罗列,仅这一句就能在对方意识里留下权威感的印象。此外,即使方案的最终实施效果不及预期,也不至于把路堵死——毕竟实际情况有诸多变数,不可能和理论完全相同。

此外还要注意，过度地罗列和引用数据、专家观点等事实根据也容易让听者精神疲惫。回想一下，你是否遇到过这样的演讲者：举出的数据成千累万，引用的专家观点数不胜数，但反而让人一头雾水——所以呢，你究竟想说什么？

因此千万别忘了，无论是专家观点还是客观数据，论据的存在都是为了支撑你的观点。它们固然重要，但绝不可作为发言内容的主角。

如果用心理学的话来说，这些论据都不过是一种潜意识的刺激原料，一切都是为了催化听者的一种意识——这个人说的准没错。

让表达更清晰的三个技巧

重要事项要在三十秒内传达完毕

明明大脑中有个卓越超群的金点子，可就是没办法清楚地表达出来。你是否也经历过这样的焦虑时刻？

其实，我在谈判或演讲的提问环节中也经常会苦恼——这个意思要怎么说才能更好地传达给对方呢？

经过多元尝试和不断试错，我终于总结出三点表达技巧——简洁性、全面性、结构性。这三点不仅可用于面对面交谈，同样也适用于电子邮件、电话留言、工作留言等。只要遵循这三点，大部分情况都能实现顺利且清晰的意思传达。

我们先说第一点——简洁性。**这需要在表达时筛选出听者（或信息的接受方）必须知道的信息，同时将可能影响对方判断、**

招致误会的信息排除出去。

而要做到这点，就必须在开口前整理好真正有必要的内容。将这些内容总结为三点，记在脑子里或写下来。**如果能在三十秒左右清晰、完整地表达出来，那么恭喜你合格了。**

接下来我们再说第二点——全面性。先说明，这并非意味着以完美主义为目标，而是要**将必要的信息完整无缺、毫无遗漏地全部网罗其中。**

打个比方，对一个询问工作进度的领导，简单的一句"我正在做××""马上就做好××了（事实上还不一定）"，很难说是完美的工作汇报。

然而，若能加上自己对工作进度的看法，并在课题报告中附上自己的分析，就可称之为完美了。当然，还可以把理论层面的分析升华到行动上——"除了这些，基于某某分析结果我还准备了一份××资料备用"。其实在谈判桌上也是一个道理，滴水不漏才能万无一失。

最后我们再谈第三个技巧——结构性。**要想让对方在瞬间理解自己传达的内容，就有必要搭建一个听者（信息接收者）容易跟上的表达框架。**

我惯用的表达方式是这样的——将重点控制在三点之内。**按照重要性由低到高的顺序传达，从最不重要的事情开始，把关键课题留在最后。**在提出分析报告、方案等时更需注意。

为何采用这一表达方式呢？因为从心理学角度来看，三点其实是人类在短期内能记忆的事件上限。而且相比开头，人们在说话结尾时的专注度往往更高。自从意识到这一点后，我都是按照这一原则来构建信息、邮件的表达框架。

当对方知道你要在三十秒之内做出重要决定时，他也会在这关键的三十秒内专注倾听，而且要把最希望对方回应的问题放在最后，这就像是运动场上的热身。大脑热身完毕后才是运转最快的——这些都是我的谈判伙伴对这一表达技巧的真实评价，大家也不妨试试。

做简报≠念幻灯片

没人愿意关注一个低头的演讲者

做简报或谈判的开场陈述时，总有些人习惯照念事先准备的讲稿或幻灯片。但很遗憾，从照稿念的第一句话开始，你的简报就已经一文不值了——这绝非危言耸听。

简报是个展示的机会，其内容是迄今为止所积累的所有努力，因此娱乐性是不可或缺的。如果只是对着讲稿照本宣科，不仅会错失观察观众的最佳时机，而且声音的抑扬顿挫、内容的节奏转折、音调的高低起伏都会比正常说话要单调沉闷很多。这样一来，观众难免会哈欠连天、昏昏欲睡。

因此站上讲台时，不妨把对演讲笔记的依赖控制在最低限度，抬起头来用自己的语言和观众交流，并随时用目光去确认你抓住了全场观众的注意力。

舍弃幻灯片+用提纲代替讲稿 =好的简报

让观众也抬起头来

我认为成功的简报必须遵循两条铁律：第一是舍弃幻灯片（若一定要用，可作为参考资料在简报结束后发给观众），第二则是讲稿不能准备得太充分，绝不能精确到逐字逐句。

当然了，简报的大纲目录、引用的数字年代、名人名言等绝不允许出错的内容，完全可以写在纸条上拿在手里。但除此之外，你所需要做的就是昂首挺胸，用自己的语言去打动面前的观众。

此外，演讲并不是背诵。背诵会让你过分专注于精确复述记忆中的内容，反而忽略对观众的观察。因此搭建好大致的演讲框架之后，不妨基于当时的会场气氛，努力用自己的语言去掌控全场吧。

而在这一过程中，相信演讲者的姿态也会水到渠成——目光自然向上或投向观众席，腰背挺直并微微前倾。双手摆脱讲稿的束缚后，更可以运用手势实现更富有感染力的演讲效果。

同样，脸部表情也是如此。真正投入到演讲中时，一切表情都无须刻意为之。你会自然而然地根据内容时而微笑、时而皱眉，用丰富的表情去感染台下的观众。表情本身也会成为演讲的一部分，用无声的方式向观众讲述。说到重点时，你也会本能地环顾全场，身体稍稍前倾，用目光和激情去热切倾诉。

更重要的是，摆脱讲稿站在观众席前时，才会真正享受演讲本身并引以为豪。即便演讲内容和逐字稿完全一致，其效果也不可同日而语。就是凭借这一技巧，我曾多次在国际上取得最佳演讲者大奖。

那么，如果切换到观众角度又如何呢？当观众看到演讲者积极的眼神交流和丰富的情感表现时，会出现一种奇妙的错觉——这个人不是在为全场演讲，而是在对我一个人倾诉。

演讲时的站位（方桌）

左撇子站
这一侧

右撇子站
这一侧

演讲时的站位（圆桌）

左撇子站
这一侧

右撇子站
这一侧

此位置需空出

关于演讲的几条建议

- 最高超的演讲是"脱稿演讲"。
- 演讲时要尽可能用眼神和听众交流。
- 演讲时用好"手势"会产生强烈的感染力。
- 幻灯片是演讲的辅助工具,只呈现基本的提纲即可。

无理由的赞同等于白费口舌

取得他人信任的有效方法

谈判和协商中可能做出的回应有三种——"Yes""No"以及二者之间的灰色地带。虽然大多数情况都是最后一种，但表示赞同或反对却是最困难的。

在向对方表示赞同时，**务必交代清楚"赞同的理由""具体赞同哪里"等细节**。平时我们不难听到"某某人的发言我全部赞同"这种说法，但谈判双方毕竟代表两种不同的利害关系，真正在谈判桌上能做到"100%赞同"的情况实在是少之又少。

此外，无理由的赞同态度的确有可能达到恭维效果，但仅限于谈判新人。若坐在对面的是谈判老手，那这种行为无异于给自己的可信度下了"死刑判决"。

赞同也是有程度之分的——从99%几乎全部赞成到1%仅略微赞成，其中的区别显而易见。因此，**在表达赞同时尽可能点明"具体赞同哪里"和"无法赞同哪里"，这对之后的谈判和协商方向有着重大意义。**

而当谈判中出现数个议题时，不妨把有限的时间和精力用在那些"不太能赞成"的议题上吧。

复述让赞同更真诚

重复+复述是关键

在表达赞同时，重复对方所说的话是个有效手段。具体体现在以下两方面。

首先，这会给对方留下一种"这个人在专注听我说话"的积极印象。在重复过程中，可以把部分内容置换为自己的语言。稍微调整的话，也能作为一个颇有效果的附和技巧。

据说，很多顶级销售员的共同点就是绝口不谈自己的产品，而是暂时倾听客户的声音，并用自己的语言复述对方的话，之后才进行诱导——"像您这样的情况，要是有××样的产品就好了呢。"**心理学上认为，这种重复认同和肯定的过程会催生出信任感，而复述行为正是这一点的完美体现。**

复述的第二个效果，就是通过语言的置换和重复，帮助我们更深刻地理解谈判形势和对方的需求。 你可以用一句"嗯，我明白您的意思了"来开头，之后再复述对方的话。在心理学上，复述技巧不仅适用于工作，在朋友交往、恋爱等关系中也有同样的效果。

赞成、反对、中立：用颜色区分态度

> 意见一致＝绿色；无法让步＝粉色；有待协商＝黄色

在我担当国际调停的斡旋人时，常会在电脑上用三种荧光色标记草案内容——可直接达成一致的内容用绿色，双方无法让步的红线内容用粉色，意见不同但有协商余地的内容用黄色。

值得注意的是，颜色标记法的目的终究只是提醒自己有必要关注这个尚未达成共识的问题而已。因此针对黄色和粉色标记的内容，不要在提出之时立刻去质问其理由。

颜色标记完毕后，因为绿色部分只需在签订协议前最终确认即可，所以可暂时放到一边，先从黄色部分开始一个个解决。这时候可以再去询问无法达成共识的理由，并让利害关系方分别再提出自己的修正案。若可能的话，最好能全员参与，通过讨论和协商将草案中的黄色标记一个个变成绿色。

完成上一步之后，再回去处理粉色标记的红线问题。这类内容往往不再进行修改，要么干脆从协议中删掉，要么通过调停让对方直接接受。大多数情况下，从大局出发选择删除红线问题的相关内容会更理想。

反对观点，而不是人格

反对理由要客观且具体

无论是工作还是生活，我们总会遇到需要提出反对意见的情况，例如指出别人的错误、制止不恰当的言语行为等。

不管是在何种情况下表示反对，都有几点注意事项。

首先，**绝对不能否定对方的人格**——"你怎么连这个都不懂？""这都能弄错真是离谱了"——如果用这种攻击贬损对方的语言来提出反对，绝对会引起不必要的争端。**被贬损的一方不仅会受到伤害，而且不知道哪里做错了，问题最终仍得不到解决。**

但在谈判或会议中，也总有人动辄进行人身攻击。比如"你这个人总是不切实际"或者"你做什么都一团糟"。其实,哪怕在重视礼节的日本,我也经常见到这样的人(如果这发生在欧美国家,绝对会惹上官司且无疑会败诉)。

那么,该如何提出反对呢?

这个方法是我在谈判一线学到的,我也曾在多个谈判项目和领导力讲座中介绍过——把人和问题分开。可以反对,可以抗议,也可以指责对方的语言、观点和行动,但永远不要上升到人格和性格层面。

举个例子,认为对方的观点错误时,不应该批判说"你错了!"而应把观点本身作为反对的对象——"我认为你说的××是错的。"

关于具体反对观点中的哪个部分、为何要反对,其理由描述得越清晰详细越好。 如果是在指出别人的错误,这样的说法能让对方清楚地理解该如何修改。如果是在反对其观点,这也能让对方理解你的立场,有利于之后的谈判朝着积极的方向发展。

此外,同样是提出反对理由,"我认为……"这样柔和平缓的态度会比"这件事就应该……"这样粗暴的断定语气更易被接受。但值得注意的是,非断定的主观语气虽然更和缓，**但不让发言终结于主观才更有说服力。**用客观性的内容如谚语、普遍认识等进行铺垫之后，再申明"因此我也这么认为"，会让说服力更上一层楼。

打个比方，面对常常迟到且屡教不改的部下，与其训斥说："你这家伙怎么又迟到了，真是烂泥扶不上墙。"倒不如说："最近的迟到次数有点儿多吧？如果有什么特别的理由可以告诉我，但守时也是职场人的基本礼仪。"这种说法更有效果。

如果迟到的是谈判对手或合作伙伴，反对的难度会更大一些，但也并非完全无法实现。可以不经意地让对方感受到己方的不快感："如果这个谈判时间太早的话，要不下次我们推迟三十分钟？"或者柔和但真诚地告知对方："就算推迟谈判的开始时间，我们的立场和意见也是不会改变的。难得有这个宝贵机会坐下来谈，我们还是希望能按照计划顺利进行，您觉得呢？"

反对必须步步为营

> 稳扎稳打、建设性地解决问题

如果在谈判中无法接受对方的提案和主张，应当如何提出反对呢？

这种时候，即使怒火中烧，也要尽可能举出具体的理由，微笑着用坚决的态度提出反对意见。

例如，先梳理一下对方的提案内容："您的意思我明白了，我想再次确认一下，贵方的方案是××对吗？"如果对方的发言包括数个重点，则同样分条举出。若对方对你的复述没有补充意见，这时再列出具体理由表示反对——如果反对的理由是"报价太高"，则可举出同类产品的市场价或成交价做比较。若其他公司给出了更低成本的报价，也可将此作为反对的依据。

这里需要注意的是，**永远不要一口气把所有反对理由都说完。** 阐述一个反对理由后静等对方回应，解决之后再转到下一个，如此步步为营才是明智的反对方式。相反，**自顾自地长篇大论很容易给对方造成被诘问、被责备的不快感，于解决问题无益。** 而且在反对的同时给对方解释说明的机会，说不定就会让你心中的疑惑和问题迎刃而解。

如何打破谈判劣势

> 反应速度是关键

在谈判中,时而会面对被对方步步紧逼的状况。那么,如何才能扭转这种谈判劣势呢?

第一个方法就是——更改谈判时间和地点。感觉自己处于谈判下风时,建议尽快约定好下次的会面时间并结束当天的谈判,快速离开会场。

在商业谈判中,时间和场地都是谈判的重要组成部分,因此无须太过客套地一味配合对方,直截了当地表达己方希望的时间和地点即可。而在下次谈判的日期选择上,不妨避开同一星期,最早也要在七天后。**因为这样一段缓冲时间既能让人在心理上回归平静,也有机会充分思考跌落下风的原因和应对方案。**

此外，如果谈判受挫时为客场，则可以很自然地邀请对方下次来自己公司。而如果是国际谈判等期限紧张的情况，也可以安排一段较长的休息时间，提议大家喝杯咖啡或其他方式。

至于打破劣势的第二个方法，则适用于没听懂对方发言才导致的不利情况。这种情况下言多必失，因此不妨少说多听。**尽量一边微笑一边点头倾听，并尽可能记住自己能理解的内容。**这一套动作可成为你放出的烟幕弹，造成对方的以下错觉：

边听边微笑点头＝这个人听懂了

听但不做笔记＝正在用大脑记忆＝对他而言，并无值得记录的特殊事项

而沉默策略搭配微笑，更能成为在劣势中打乱对方阵脚的强大武器，让对方暗想"我是不是说错了什么？"即便是原本成竹在胸的谈判对手，在这一攻势下也大多会拿不准。如果这时能气定神闲地双臂抱胸、微微后仰靠上椅背，则震慑效果更佳。

最后一个方法适用于连续不断的交涉和谈判——不在一

个谈判项目上花费超过七十二小时（三天）的时间。

正式谈判前往往经过了大量的前期调查与分析，甚至连可能出现的谈判局面都演练过好几套，因此若超过七十二小时仍无法达成共识，局势也不太可能急转直上了。即便已经进入最终的收尾阶段，一旦此时谈判中出现不利因素，形势是绝对不可能实现好转的。

此外，过度拖延谈判的后果，可能会使原本无需谈判的内容也演变成交涉的一部分，谈判焦点也会因此而模糊不清，更会白白错失一份本可能实现的有效率、有效果的协议。当然了，七十二小时这个数字并非绝对不可增减，但建议大家至少要有这样一个时间的把握。

感觉、看法和事实

用不同语气随机应"辩"

当我们对某件事陈述判断时,语气可大致分为三种——直陈事实(A＝B)、陈述意见(我认为A＝B)、带有不确定性(我觉得A＝B)。

在谈判中传达事实或己方的主张依据、数据时,使用直陈事实的断定语气更有效,例如:"这一市场的现状是……"

此外,**断定语气更容易给听者留下一种印象,那就是你所说的内容是正确无误的。**也正由于断定语气能彰显出发言者对自身观点的自信,因此在协商或谈判的最后阶段使用可见奇效。

与此同时,陈述意见的"我认为××"更适合用来强调自己在思考后的判断。

比如在谈判中有人问"请问您对这个方案怎么看"时，可以选择"我（敝公司）认为……"这种说法。虽没有断定语气那么斩钉截铁，也足以在传达出自信的同时，给听者留下一种会分析、有主见的正面印象，更容易赢得对方的信任。尤其在自己和主流观点不同但颇有信心，或在谈判中尝试吸引对方注意时，不妨使用"我认为"这种说法。

最后就是"我觉得"这种带有不确定性的语气。在不确信自己的判断是否正确，或对问题的看法仍有顾虑时，"我觉得××"会更容易传达出这一语感。例如同样是"你怎么看"这个问题，"我认为"会给人一种意见明确的印象，而"我觉得"则更适合传达较为模糊的见解。

此外，"我觉得"这一说法也能在谈判中为自己留出后路，万一结果始料未及，还可以放弃承担对提及内容的责任，不至于无路可退。

我在谈判中也会有意识地在这三种说法中切换，以此来对己方主张意见的强度、语气进行调整。

在谈判中，表达的连贯性是重中之重。只要还没被对手的攻势逼到大脑一片空白，就绝不能放弃，要用尽一切可能的方法来保持自己表达的连贯性。

谈判开局是己方表明立场的重要机会，因此基本都要使用直陈事实的断定语气。而在谈判中期，则可根据情况在三种语气间切换。例如："大众普遍认为××，我也觉得确有其道理，但真相其实是……"这一说法可释放出多重信息——你了解大众观点，有充分的知识储备，同时对自我观点有着充分的自信。

即便前期准备得再充分，在谈判中也难免会出现犹疑不定的情况。此时可以用"我觉得"这种不把话说绝的方式来巧妙回避过去。当然了，若该内容有可能成为后续谈判的重点，那么在下次会面之前，你起码要将"我觉得"升华为"我认为"。若能找到支撑该观点的事实和数据，则不妨自信地用断定语气来传达吧。

此外，断定语气除了适用于谈判开局之外，在终局时也能发挥其威力。例如谈判协议往往包含数个利益条款，且需要双方逐一确认。此时，我们可以先举出某条已达成共识的内容来跟对方核实——"关于A条款，我们得出的结论是××对吧？"之后对于尚未确定的B条款，则不妨大胆使用断定的语气——"那么关于B条款，就是××了！"**若当场能成功达成一致，B条款即可一锤定音、顺利成交**。而相反"我认为"或"我觉得"这种说法，说到底都是传达一种个人看法，因此不适合也不应出现在谈判的收尾阶段。

感觉、看法和事实——这种不同语气间的微妙区别，在谈判桌上就会被无限放大。不妨从今天开始把它们区分使用吧，我断定它的威力会超出你的想象。

入乡要随俗,简报也一样

欧美玩转个性,亚洲认真稳重

在谈判和演讲时,所处国家的国民性和文化绝对不能忽视。

在欧美大学和研究生院的演讲课上,老师会教大家"演讲要用幽默开场"。甚至欧美的演讲文化认为,开场的诙谐和风趣程度就能初步决定演讲效果。如今,我也逐渐掌握了运用幽默的技巧,但每次在欧美国家演讲时,仍会花费比准备演讲内容更多的精力去设计幽默。

但如果把讲台搬到日本呢?有一次,我在日本演讲时效仿欧美风格用幽默开场,结果却遭遇了演讲生涯中尴尬的冷场局面。

在日本等亚洲国家的谈判和演讲中，认真稳重还是十分重要的。首先在热场时，给观众留下"富有智慧的业界专家"印象。在成功吸引听众们的注意力后，再稍微加上一句幽默的调侃或自己曾经的失败趣事，让观众们绷紧的神经在笑声中得以放松。只要能走到这一步，相信接下来你的听众会用比欧美讲堂更温暖、更团结的氛围来回报你。

识别谈判团中的关键决策者

> 即便没有最终决策权，也必须有所成果

谈判很少是一对一的，大多数情况下，都是A公司代表团对B公司代表团这种形式。而在这种团体谈判中，最重要的就是在谈判初期识别出关键决策者。

在通常情况下，第一个进入谈判室或在中间落座的人往往是关键决策者，但不少深谙此道的谈判团也会反其道而行之。

在本书前两章中，我曾提到过不同座位角度的心理暗示作用。**如果要利用座位关系给对方造成心理压力，则需要根据对方决策者的位置来决定己方决策者的座位，否则很可能无法收到预期效果。**

不过说到底，关键决策者究竟是什么样的人？从广义来说，这一词很容易让人联想到：一直做这个项目的负责人、相关领域的专家、有决策权限的人；等等。但在这里，我们只指有谈判决策权限的人。

锁定对象之后，我们需要进一步确定——**对方到底拥有什么程度的权限？**

若对方的决策者并无成交权，那么当天基本可以收工回家了。 即便己方做好了成交准备，只要对方没有派出决策人，谈判几乎是无意义的。当双方谈到基本达成共识时，对方一句话——"那我们先回去商量一下，回头再跟贵方联系"就能把此前的努力都化作无用功。

据说外国政府和企业跟日方谈判时，最头疼的也是这点。最近，某个发展势头强劲的土耳其财阀总裁也曾向我提起过，明言不想和说这种话的人成为商业伙伴。此外，欧美公司率团赴国外谈判时，往往会派出肩负经营责任的公司前领导担任谈判团长。而他们也经常表示，日方谈判团往往无法自行做出决定，从谈判开始到收尾要花费很长的时间。

因此**在谈判中，要么带上有决策权的人参加，要么自己掌握**

决策权。当你的谈判对手是欧美政府或企业时,这一点尤为重要。

和欧美人相比,日本商业习惯更倾向于向着谈判目标层层递进。若无法改变谈判方式,那么不如干脆在不同等级间分别展开谈判,例如,由双方同级别的一线项目实施人员讨论细节,部门主管或经理决定合作方向。若涉及更大的资金量及规模,如公司并购及大型业务合作等,则由双方总经理进行谈判。

若采取这种同级别层层递进的谈判方式,则需要注意——**即便低级别无法做出谈判的最终决策,也必须达成某种决定,让谈判有所收获**。

如何应对出其不意的提问

> 别做个只会说"不知道"的谈判员

如果谈判中对方向你抛出一个意料之外的问题,这时候该怎么办?

这种情况下,要在承认自己不知道的基础上,尽量用你能想到的内容去回答——当然,这也是老生常谈了。在任何状况下,专业人士都必须多角度且冷静地处理眼下的问题。因此**即便不知道答案,也要基于知识储备组织出自己能给出的最好观点,并就此侃侃而谈。** 即便这一观点最终被证明是错的,积极思考的态度也往往会使你受到尊重。

我有一个在外资咨询公司工作的朋友,曾有人问他"世界上一共有多少台自动贩卖机?",当时他的回答是这样的——

"世界上共有××亿人，其中日本人口有××亿人。据我所知，在日本平均每××人就有一台自动贩卖机，因此根据我所知道的数据来推算，全世界大概应该有××台吧。"

面对这种始料不及的问题时，务必记住：**提出问题的这个人，并不一定知道正确答案。**

经过实践中的不断探索，现在面对这类提问时，我常常会在对提问者的分析中找到解决问题的灵感。即便是不知道答案的问题，也不妨在自己的能力范围内做到极致吧。

国际谈判专家档案
——真实演说案例

在这里,我想介绍几个我在做简报、演讲时的真实经历。

我曾是一个习惯用幻灯片来做简报的人,但某次经历却让我一改这种习惯——当时我应邀在某场国际会议中演讲,可当天主办方却突然通知让我不要用幻灯片演讲。

当时,我为那场演讲事先准备了二十页左右的演示文稿,并把每张幻灯片的内容都熟记于心,因此得知这一消息后一度阵脚大乱。正式登台时,我还是把打印好的幻灯片资料拿在了手上。但开始演讲后,我却意外地发现自己的思路前所未有地清晰。在三十分钟的演讲中,我在环顾观众的同时用自己的语言侃侃而谈,全程几乎没看手头的资料。

后来我听说,观众们也评价当天是一场"追光灯下洋溢着自信微笑的优秀演讲"。从那以后每每需要演讲,我虽还是会全力做好准备,但却会把幻灯片排除在外。

在做简报时,我最重视的就是——集中观众的视线,不让任何人有机会打瞌睡或做其他工作。当然,为了达到这个目标我也做了种种尝试。

比如,我曾在演讲时抱着一只大玩具熊登台,把它放在舞台最显眼处的椅子上。后来我听观众们说,那二十五分钟里所有人都在伸长脖子凝神静听,等我说到这只熊。但演讲结束后,我就径直抱着熊下台了,一句也没提到它。不过我的确成功了——我在台上的每一秒钟,都没有失去台下任何一个观众的注意力。

除此之外,我还尝试过在演讲前高歌一曲,或刻意用一声喟然长叹惹人注目,甚至无厘头地用当天早晨发生的趣事开场;等等。也正因如此,如今不少来听我演讲的观众都会特意期待一下开场环节。

CHAPTER

1

第 章

谈判的收尾阶段

谈判以双赢

为目的

主动担任会议引导员

> 以攻为守，避免被动式谈判

即使在双边谈判中，也往往需要有一方来整理双方意见、引导谈判会议。这个时候，不妨主动提议己方来承担这一工作。

在多方利害关系者参与的谈判和会议中，都会需要一个立场中立的角色，来引导和协调各方意见。 而谈判中的引导员不同于普通的会议主持人，往往需要更高超的协调能力。那么协调谈判的引导员究竟承担着怎样的责任，又需要什么样的技巧和心态呢？

在接下来的内容中，我将结合近年来多次担任国际会议引导员的经验，为大家详细介绍。

重复效应：拉近心理距离

> 巧用复述技巧，建立信任关系

作为会议引导员，最重要的就是抛下自身看法，同时专注于归纳各方意见。 只要你以某种形式被委任了会议的引导工作，那么从此时开始，你就必须把促进共识摆在自身见解之上。如何才能做到这一点呢？一个有效方法就是——巧用心理学的重复效应，复述对方的话。

逐字逐句的复述十分简单，而这里的重复效应所指的是——将发言者的意见用自己的语言重新表述出来，再征求对方的确认。

举个例子，在发言者讲话完毕后，可以反问对方"刚刚您所说的意思是指××吧？"别小看这样简单的一句话，既可让对方有一种被倾听、被理解的感受，也有利于建立谈判中的信任关系。

在实际引导会议时，可以尝试把这个复述技巧应用在所有发言者身上。

不过，这种反问和确认不需要频繁到针对每个人的每句发言，当自己对发言者的理解较为模糊，或与会者间的意见雷同时使用才更有效果。

针对某一议题，经过像这样数次的复述和确认后，你便可以拿出作为会议引导员的总结——"在我看来，大家关于这一议题的观点基本一致了。"

谈判引导员的表情管理

合理的视觉动线,让谈判更顺利

作为谈判引导员,表情管理也需要时刻留心。

我担任会议引导员时,基本都会使用之前提到过的职业微笑——虽然偶尔会被批评表情不够认真——视线和演讲时一样,使用"Z"字形扫视法。

"Z"字形视觉动线起初是因美国前总统奥巴马的演说而闻名的。让视线按照"Z"字方向移动,不仅能让演讲者和全场观众进行视线交流,而且观众也能在被注视、被关切的感受中更专注于演讲——这一点已经在心理学上得到了证实。

作为会议引导员,"Z"字形扫视法依旧值得推荐。在引导会议时，可以至少与每个人对视一到两秒，给对方留下被重视、被倾听的心理印象。在这样反复的视线交流中，伙伴意识和责任感就会悄然而生，并在每个与会者身上掀起一场意识变革，让他们真正成为谈判的参与者和问题的解决者。

说话时目光要放哪里

"∞"字形扫视　　与数人进行讨论时

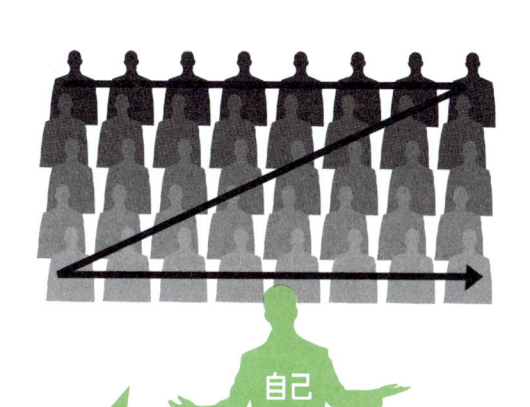

"Z"字形扫视　　在众人前讲话时

多议题谈判：用图表整理思路

养成图解习惯，更易把握谈判全局

若会议引导员能将每个议题的内容图表化，谈判往往会更有建设性。我每次担任国际会议引导员时，都会在脑中对每个议题进行可视化分析。

例如在一场销售谈判中，引导员可以把买方能接受的大概报价（若可能的话，尽量揣摩出买方预期的理想价格与能接受的最高报价）、谈判团内的对立关系、谈判成员提出的重点议题等都整理在一张纸或一张幻灯片上，更直观地把握全局。

在这里，用图表整理信息的目的并不是展示给与会者，而是梳理自己的思路。随着谈判的进行，引导员需要从这些内容中摸索出可能的最终妥协点，并用数据等形式传达给对方。

用数字说话，永远让对方觉得赢了

> 用能说服自己的方式说服对方

在谈判最后的收尾阶段，往往仍有些协议内容尚未落实到具体数字，比如双方之间的利益分配方式。这种情况下，引导员不妨举出几种可能的分配方案，既方便说明也更有说服力。若此前引导过类似的谈判项目，也可举出当时的解决方法作为参考。

总之，让对方觉得"自己没有吃亏"是一个合格引导员的基本素质。而要想实现这一点，就必须让自己能随时切换到对方立场。

其实无论是协调各方的会议引导人,还是利益相关的谈判当事人,要想收获好的结果,都要学会换位思考,用能说服自己的方式去说服对方。

理想的结论必须具体谈

让矛盾和共识鲜明暴露出来

在正式进入谈判前，引导员不妨根据可能的谈判结果预备出几套引导方案，到时再根据实际情况对方案进行微调，最终协调谈判双方得出结论。

而在这一过程中，务必要突出强调双方意见的相同点。本章第二节中曾提到过复述的积极心理效应，因此引导员可利用复述方式来核实每一成员的主张和意见，以此来归纳和确认双方意见的相同点。

这是我引导谈判时的常用方法：使用白板或大屏幕进行信息图演示，将整个画面分成三个部分；把谈判双方的不同意见分别记录在左右两侧，已达成共识的内容放在中间。但无论采用何种工具，都要保证将双方所有诉求呈现在同一个画面中。

这一做法不仅方便对比双方意见，更可以通过一目了然地展现共识和矛盾点，对谈判双方形成积极寻找问题突破口的心理诱导。

尤其在签订"一揽子"协议的谈判过程中，这一手法会让协议的起草和制订事半功倍。

谈判信息表示例

信息表（例一）

类别	A公司（供货方）	共识点	B公司（采购方）
价格	单价××元		单价○○元
商品数量	一万个	√	一万个
交货期	半数在×月×日交货 剩余在△月△日交货		全部在○月○日之前交货
支付期限	首批交货日后十天内全额支付		签订合同时支付一成货款作为定金，余款在全部交货后一个月内付清

信息表（例二）

共识点	矛盾点
商品数量：一万个	单价： A公司：××元 B公司：○○元
	交货期： A公司：半数在×月×日交货，剩余在△月△日交货 B公司：全部在○月○日之前交货
	支付期限： A公司：首批交货日后十天内全额支付 B公司：签订合同时支付一成货款作为定金，余款在全部交货后一个月内付清

如何引入谈判信息表

基础方式：当谈判双方意见接近一致时，由引导员和谈判方共同在一张大纸或电脑上，整理出共识点和有待讨论的矛盾点。

高级方式：当谈判双方意见接近一致时，引导员提议短暂休息，并在此期间整理出谈判信息表（见上页），明确共识点和有待讨论的矛盾点。待休息时间结束后，再由谈判双方确认信息是否有误。

达成一致后再回到谈判桌

以双赢为目标

共识后的再次谈判往往以锦上添花为目的。这指的是双方就所有议题取得一致意见后,再回到谈判桌上讨论更佳的双赢可能性。

谈判最终的冲刺阶段往往让人陷入身心的双重疲惫,如果在这种状态下慌忙收尾,则很容易错过更佳的合作可能性。而在这种情况下,谈判高手会追求更好的双赢方案而再次谋求谈判机会。

但不要忘了——此时双方已经达成了协议。接下来无论做什么,都只能将其引导至更积极的方向,绝不允许走下坡路。再次谈判的目的,终究是寻求那些被忽略掉的更好的可能性。

再次谈判中，若双方都认为找到了更好的合作方案，即可升级此前的协议。就算并未发现优化的可能性，有了之前的协议托底，双方也不会有什么损失。而这一阶段的最大收获，无疑就是谈判双方互信、长期健全的合作关系。

附 录

谈判流程

1 信息收集

谈判流程的初始阶段

- 收集谈判的各类相关信息。

- 除谈判对手之外,己方的公司信息也在收集范围内(可用工具为网络、商业刊物及企业网站主页。同时,也可向对手公司过去的雇员、合作伙伴探听信息)。

⬇

2 信息分析

对收集到的信息进行深度分析

- 求助于各领域的专家,深度分析谈判对手的信息。

- 筛选出对方的优势、弱点及目前可能存在的问题。

- 推测对方可能会在谈判中秘而不宣的信息。

> 信息分析的目的有两点:第一,对信息进行整理;第二,推敲出表面信息的深层含义。

- 除了谈判对手之外,己方信息也要纳入分析范围。

- 基本掌握谈判双方情况后,即可进入下一个阶段。

- 如果仍有信息和分析漏洞,则重复第一和第二阶段。

3 制订谈判策略

以第二阶段的分析结果为基础,在谈判团内部的头脑风暴会议中制订谈判策略

- 本阶段中最重要的一步,就是召集所有谈判相关人士进行头脑风暴。

- 对于所有头脑风暴的与会者,需在会前完成客观事实的共享。

- 将准备过程中收集的谈判信息汇总为一本谈判概况资料(注意,这本资料中仅包括对信息的初步分析,而不应做出任何定论和解释)。

> 头脑风暴的目的是让每个成员自由分享自己的观点和意见,并非说服或驳倒某人。通过不同角度的审视和分析,可得到对客观事实和数据的全新理解,进而为整个团队创造更多可能性。

- 通过头脑风暴实现团队对客观事实的共同理解后,在此基础上制订团队的谈判策略。

- 本阶段同样需要决定己方的谈判立场,在下阶段初期(即谈判开始时)向对方表明。

> 即使谈判已经正式开始,也有必要根据新出现的信息和数据不断重复上述第一至第三阶段,以完善己方的信息分析和谈判策略。

4 正式谈判

正式面对谈判对手

- 谈判开始时，先设立一个双方表明立场的环节。

> 在双方寒暄和自我介绍（团队介绍）之后，需专门空出时间，供谈判双方分别说明本次谈判中的立场和目标。

- 针对上述发言中的疑问进行解答。

- 双方基于此前制订的谈判战略，分别出示各自观点的支撑数据等资料，并进行交涉协商。

- 关于何为本次谈判的主要议题，双方应在陷入僵局前尽早达成一致认识。

5 收尾阶段

为达成共识做最终准备

- 在彻底完成第四阶段之前,不断重复前四个阶段。

- 本阶段有三个谈判重点:第一,已取得共识的议题;第二,对共识内容的核实;第三,处理未达成共识的议题。

- 谈判双方分别将已取得共识的内容列出清单,并核对清单来避免认识偏差,之后再着手处理未取得共识的议题。此法可提升谈判的成功概率。

- 在困难的议题也将要达成共识后,果断进入谈判收尾阶段。

结 语

看到这里，相信你也已经认识到——谈判和沟通并非多么难解的谜题。

其实非攻击性谈判的基础思想和重点，无论是谁，只要想做就可以习得。之后通过不断积累实战经验，这些技巧和策略就会自然成为你自己的一部分。

我作为国际谈判专员，每个月几乎有一半以上的时间都穿梭在国外各类谈判会场之间。迄今为止，我经手过各种各样的谈判项目，也曾多次深陷惨烈的谈判修罗场。

所谓压倒性胜利，也就意味着另一方是压倒性失败。在谈判中，即使其中一方在当时取得了所谓的"压倒性胜利"，长远来说也绝非发展之计。因为当合作关系中的某一方饱尝挫败感时，新的矛盾与纷争几乎无法避免，协作关系更是难以存续。既然如此，这样的"胜利"并不能说是真正意义上的谈判成功。

对于这一点，我自身也有过刻骨铭心的教训，因此深有体会。而且除了谈判，在人际关系中也是一样的。

采用非攻击性的谈判方式，探寻对双方都好的互利方案，同样是对自身的一种保护。因为谋求双赢最终会为你带来长期、稳定、和平、发展的未来。

谈判对手并非敌人，而是和你朝着同一方向携手前进的伙伴。如果你认为自己不擅长沟通谈判，那不妨试着站在对方立场来重新审视全局，反思一下自己的谈判目的，相信你会发现真正对双方都好的谈判目标。在对话中，也不妨学会把谈判对手当朋友，相信你会收获和此前完全不同的谈判结果。

将非攻击性谈判术融会贯通后，你能把对方的"NO"变成"YES"，在谈判桌上扭转乾坤。在此，我也衷心希望本书能为大家带来更多的合作和机遇，在谈判中无往不利。

岛田久仁彦

致 谢

我执笔此书的契机，是我的好友西尾圭司的提议。他建议我把调停和谈判的经验记录下来，作为对自己的一种回顾。因此我以此前调停中留下来的谈判笔记为基础，写成了这本书。

在我的谈判和调停生涯中，有一位重要的人生和工作导师。他就是2003年8月19日在伊拉克运河酒店爆炸事件中遇害的塞尔吉奥·德梅洛先生（时任联合国秘书长伊拉克问题特别代表）。对当时年轻且缺乏经验的我，德梅洛先生毫不吝惜地给予了信任。正是他时而严厉、时而亲切的教导，才让我成长为一位专业的调停官。本书中介绍到的谈判心理与技巧，都是我从德梅洛先生那里学到并在实践中总结而来的。如今我想借这本书，向德梅洛先生遥寄我已无法亲口传达的感激之情。

与此同时，是我的父亲——岛田邦雄的言传身教，让我学会了实际的谈判方法和身为职场人的工作方式与责任心。作为航空业界人士，我的父亲在世界舞台上工作了三十八年。他的谆谆教诲和工作时的专业姿态，将职业人士的必需素质传递给了我，本书中关于谈判态度的内容都是我从父亲身上学来的。

在本书结语中也提到过,回顾自己的谈判生涯,我经历了各种惊险紧张的谈判修罗场,也多次由于身心俱疲想放弃这条路。每当这时,我的前辈、朋友和家人们总是不断地鼓励和支持我。执笔本书荐书寄语的日本前环境事务副部长——南川秀树先生就是其中之一。在这里我想借此书,对他数次委以重任的信任表示深深的感谢。

此外,我由衷敬佩的全球青年领袖——藤泽久美女士(日本SophiaBank智库代表)和岩濑大辅先生(日本LIFENET生命保险株式会社董事长兼首席运营官），也都在百忙之中为我执笔了精彩的荐书寄语，在此我深表荣幸和感谢。

　　最后，我想对我的家人岛田邦雄、岛田惠美子、岛田贵子及妻子若菜，表示衷心的感谢。

岛田久仁彦

荐书寄语

多样化是二十一世纪的关键词。在当今时代,与不同文化、不同价值观的人谈判协商早已不是政府谈判专员的专利,而是所有商务人士的必备技能。如今,我们能从资深谈判大师——岛田先生这里学到一线的谈判技巧,着实幸运。

——日本SophiaBank智库代表

藤泽久美

岛田久仁彦先生曾为哈佛大学的谈判项目担任指导,更在多种世界纷争和企业间谈判中大展身手,是真正将理论与实践相结合的谈判大师。在本书中,他将高超的谈判策略与经验删繁就简,相信每个商务人士都能轻松学以致用。

——日本LIFENET生命保险株式会社董事长兼首席运营官

岩濑大辅

国际谈判是头脑和体力的双重考验。岛田先生的谈判风格是这样的——不畏辛苦、亲赴当地；多国语言、唇枪舌剑；吃好喝好、养精蓄锐；看准时机、进退有度。妙哉！堪称我辈楷模。

——日本前环境事务副部长
南川秀树